ICC official rules
for the interpretation
of trade terms

Incoterms
2000

Règles officielles ICC
pour l'interprétation
des termes commerciaux

Entry into force 1st January 2000
Entrée en vigueur 1er janvier 2000

English (original text) / French (translation)
Anglais (texte original) / Français (traduction)

International Chamber of Commerce
The world business organization

CONTENTS

2

TABLE DES MATIÈRES

FOREWORD

By Maria Livanos Cattaui, Secretary General of ICC

The global economy has given businesses broader access than ever before to markets all over the world. Goods are sold in more countries, in larger quantities, and in greater variety. But as the volume and complexity of international sales increase, so do possibilities for misunderstandings and costly disputes when sales contracts are not adequately drafted.

Incoterms, the official ICC rules for the interpretation of trade terms, facilitate the conduct of international trade. Reference to Incoterms 2000 in a sales contract defines clearly the parties' respective obligations and reduces the risk of legal complications.

Since the creation of Incoterms by ICC in 1936, this undisputed world-wide contractual standard has been regularly updated to keep pace with the development of international trade. Incoterms 2000 take account of the recent spread of customs-free zones, the increased use of electronic communications in business transactions, and changes in transport practices. Incoterms 2000 offer a simpler and clearer presentation of the 13 definitions, all of which have been revised.

The broad expertise of ICC's Commission on International Commercial Practice, whose membership is drawn from all parts of the world and all trade sectors, ensures that Incoterms 2000 respond to business needs everywhere.

ICC would like to express its gratitude to the members of the commission, chaired by Prof. Fabio Bortolotti (Italy), its Working Party on Trade Terms, chaired by Prof. Jan Ramberg (Sweden), and to the drafting group, which comprised Prof. Charles Debattista (Chairman - UK), Robert De Roy (Belgium), Philippe Rapatout (France), Jens Bredow (Germany) and Frank Reynolds (US).

INTRODUCTION

1. Purpose and scope of Incoterms

The purpose of Incoterms is to provide a set of international rules for the interpretation of the most commonly used trade terms in foreign trade. Thus, the uncertainties of different interpretations of such terms in different countries can be avoided or at least reduced to a considerable degree.

Frequently, parties to a contract are unaware of the different trading practices in their respective countries. This can give rise to misunderstandings, disputes and litigation, with all the waste of time and money that this entails. In order to remedy these problems, the International Chamber of Commerce first published in 1936 a set of international rules for the interpretation of trade terms. These rules were known as "Incoterms 1936". Amendments and additions were later made in 1953, 1967, 1976, 1980, 1990 and presently in 2000 in order to bring the rules in line with current international trade practices.

It should be stressed that the scope of Incoterms is limited to matters relating to the rights and obligations of the parties to the contract of sale with respect to the delivery of goods sold (in the sense of "tangibles", not including "intangibles" such as computer software).

It appears that two particular misconceptions about Incoterms are very common. First, Incoterms are frequently misunderstood as applying to the contract of carriage rather than to the contract of sale. Second, they are sometimes wrongly assumed to provide for all the duties which parties may wish to include in a contract of sale.

As has always been underlined by ICC, Incoterms deal only with the relation between sellers and buyers under the contract of sale, and, moreover, only do so in some very distinct respects.

While it is essential for exporters and importers to consider the very practical relationship between the various contracts needed to perform an international sales transaction – where not only the contract of sale is required, but also contracts of carriage, insurance and financing – Incoterms relate to only one of these contracts, namely the contract of sale.

Nevertheless, the parties' agreement to use a particular Incoterm would necessarily have implications for the other contracts. To mention a few examples, a seller having agreed to a CFR- or CIF-contract cannot perform such a contract by any other mode of transport than carriage by sea, since under these terms he must present a bill of lading or other maritime document to the buyer which is simply not possible if other modes of transport are used. Furthermore, the document required under a documentary credit would necessarily depend upon the means of transport intended to be used.

Second, Incoterms deal with a number of identified obligations imposed on the parties – such as the seller's obligation to place the goods at the disposal of the buyer or hand them over for carriage or deliver them at destination – and with the distribution of risk between the parties in these cases.

Further, they deal with the obligations to clear the goods for export and import, the packing of the goods, the buyer's obligation to take delivery as well as the obligation to provide proof that the respective obligations have been duly fulfilled. Although Incoterms are extremely important for the implementation of the contract of sale, a great number of problems which may occur in such a contract are not dealt with at all, like transfer of ownership and other property rights, breaches of contract and the consequences following from such breaches as well as exemptions from liability in certain situations. It should be stressed that Incoterms are not intended to replace such contract terms that are needed for a complete contract of sale either by the incorporation of standard terms or by individually negotiated terms.

Generally, Incoterms do not deal with the consequences of breach of contract and any exemptions from liability owing to various impediments. These questions must be resolved by other stipulations in the contract of sale and the applicable law.

Incoterms have always been primarily intended for use where goods are sold for delivery across national boundaries: hence, international commercial terms. However, Incoterms are in practice at times also incorporated into contracts for the sale of goods within purely domestic markets. Where Incoterms are so used, the A2 and B2 clauses and any other stipulation of other articles dealing with export and import do, of course, become redundant.

2. Why revisions of Incoterms?

The main reason for successive revisions of Incoterms has been the need to adapt them to contemporary commercial practice. Thus, in the 1980 revision the term Free Carrier (now FCA) was introduced in order to deal with the frequent case where the reception point in maritime trade was no longer the traditional FOB-point (passing of the ship's rail) but rather a point on land, prior to loading on board a vessel, where the goods were stowed into a container for subsequent transport by sea or by different means of transport in combination (so-called combined or multimodal transport).

Further, in the 1990 revision of Incoterms, the clauses dealing with the seller's obligation to provide proof of delivery permitted a replacement of paper documentation by EDI-messages provided the parties had agreed to communicate electronically. Needless to say, efforts are constantly made to improve upon the drafting and presentation of Incoterms in order to facilitate their practical implementation.

3. Incoterms 2000

During the process of revision, which has taken about two years, ICC has done its best to invite views and responses to successive drafts from a wide-ranging spectrum of world traders, represented as these various sectors are on the national committees through which ICC operates. Indeed, it has been gratifying to see that this revision process has attracted far more reaction from users around the world than any of the previous revisions of Incoterms. The result of this dialogue is Incoterms 2000, a version which when compared with Incoterms 1990 may appear to have effected few changes. It is clear, however, that Incoterms now enjoy world-wide recognition and ICC has therefore decided to consolidate upon that recognition and avoid change for its own sake. On the other hand, serious efforts have been made to ensure that the wording used in Incoterms 2000 clearly and accurately reflects trade practice. Moreover, substantive changes have been made in two areas:

■ the customs clearance and payment of duty obligations under FAS and DEQ; and

■ the loading and unloading obligations under FCA.

All changes, whether substantive or formal have been made on the basis of thorough research among users of Incoterms and particular regard has been given to queries received since 1990 by the Panel of Incoterms Experts, set up as an additional service to the users of Incoterms.

4. Incorporation of Incoterms into the contract of sale

In view of the changes made to Incoterms from time to time, it is important to ensure that where the parties intend to incorporate Incoterms into their contract of sale, an express reference is always made to the current version of Incoterms. This may easily be overlooked when, for example, a reference has been made to an earlier version in standard contract forms or in order forms used by merchants. A failure to refer to the current version may then result in disputes as to whether the parties intended to incorporate that version or an earlier version as a part of their contract. Merchants wishing to use Incoterms 2000 should therefore clearly specify that their contract is governed by "Incoterms 2000".

5. The structure of Incoterms

In 1990, for ease of understanding, the terms were grouped in four basically different categories; namely starting with the term whereby the seller only makes the goods available to the buyer at the seller's own premises (the "E"-term Ex works); followed by the second group whereby the seller is called upon to deliver the goods to a carrier appointed by the buyer (the "F"-terms FCA, FAS and FOB); continuing with the "C"-terms where the seller has to contract for carriage, but without assuming the risk of loss of or damage to the goods or additional costs due to events occurring after shipment and dispatch (CFR, CIF, CPT and CIP); and, finally, the "D"-terms whereby the seller has to bear all costs and risks needed to bring the goods to the place of destination (DAF, DES, DEQ, DDU and DDP). The following chart sets out this classification of the trade terms.

INCOTERMS 2000

Group E	Departure

EXW Ex Works (... named place)

Group F	Main carriage unpaid

FCA Free Carrier (... named place)

FAS Free Alongside Ship (...named port of shipment)

FOB Free On Board (... named port of shipment)

Group C	Main Carriage Paid

CFR Cost and Freight
(... named port of destination)

CIF Cost, Insurance and Freight
(... named port of destination)

CPT Carriage Paid To (... named place of destination)

CIP Carriage and Insurance Paid To
(... named place of destination)

Group D	Arrival

DAF Delivered At Frontier (... named place)

DES Delivered Ex Ship (... named port of destination)

DEQ Delivered Ex Quay (... named port of destination)

DDU Delivered Duty Unpaid
(... named place of destination)

DDP Delivered Duty Paid
(... named place of destination)

Further, under all terms, as in Incoterms 1990, the respective obligations of the parties have been grouped under 10 headings where each heading on the seller's side "mirrors" the position of the buyer with respect to the same subject matter.

6. Terminology

While drafting Incoterms 2000, considerable efforts have been made to achieve as much consistency as possible and desirable with respect to the various expressions used throughout the thirteen terms. Thus, the use of different expressions intended to convey the same meaning has been avoided. Also, whenever possible, the same expressions as appear in the 1980 UN Convention on Contracts for the International Sale of Goods (CISG) have been used.

"shipper"

In some cases it has been necessary to use the same term to express two different meanings simply because there has been no suitable alternative. Traders will be familiar with this difficulty both in the context of contracts of sale and also of contracts of carriage. Thus, for example, the term "shipper" signifies both the person handing over the goods for carriage and the person who makes the contract with the carrier: however, these two "shippers" may be different persons, for example under a FOB contract where the seller would hand over the goods for carriage and the buyer would make the contract with the carrier.

"delivery"

It is particularly important to note that the term "delivery" is used in two different senses in Incoterms. First, it is used to determine when the seller has fulfilled his delivery obligation which is specified in the A4 clauses throughout Incoterms. Second, the term "delivery" is also used in the context of the buyer's obligation to take or accept delivery of the goods, an obligation which appears in the B4 clauses throughout Incoterms. Used in this second context, the word "delivery" means first that the buyer "accepts" the very nature of the "C"-terms, namely that the seller fulfils his obligations upon the shipment of the goods and, second that the buyer is obliged to receive the goods. This latter obligation is important so as to avoid unnecessary charges for storage of the goods until they have been collected by the buyer. Thus, for example under CFR and CIF contracts, the buyer is bound to accept delivery of the goods and to receive them from the carrier and if the buyer fails to do so, he may become liable to pay damages to the seller who has made the contract of carriage with the carrier or, alternatively, the buyer might have to pay demurrage charges resting upon the goods in order to obtain the carrier's release of the goods to him. When it is said in this context that the buyer must "accept delivery", this does not mean that the buyer has accepted the goods as conforming with the contract of sale, but only that he has accepted that the seller has performed his obligation to hand the goods over for carriage in accordance with the contract of carriage which he has to make under the A3 a) clauses of the "C"-terms. So, if the buyer upon receipt of the goods at destination were to find that the goods did not conform to the stipulations in the contract of sale, he would be able to use any remedies which the contract of sale and the applicable law gave him against the seller, matters which, as has already been mentioned, lie entirely outside the scope of Incoterms.

Where appropriate, Incoterms 2000 have used the expression "placing the goods at the disposal of" the buyer when the goods are made available to the buyer at a particular place. This expression is intended to bear the same meaning as that of the phrase "handing over the goods" used in the 1980 United Nations Convention on Contracts for the International Sale of Goods.

"usual"

The word "usual" appears in several terms, for example in EXW with respect to the time of delivery (A4) and in the "C"-terms with respect to the documents which the seller is obliged to provide and the contract of carriage which the seller must procure (A8, A3). It can, of course, be difficult to tell precisely what the word "usual" means, however, in many cases, it is possible to identify what persons in the trade usually do and this practice will then be the guiding light. In this sense, the word "usual" is rather more helpful than the word "reasonable", which requires an assessment not against the world of practice but against the more difficult principle of good faith and fair dealing. In some circumstances it may well be necessary to decide what is "reasonable". However, for the reasons given, in Incoterms the word "usual" has been generally preferred to the word "reasonable".

"charges"

With respect to the obligation to clear the goods for import it is important to determine what is meant by "charges" which must be paid upon import of the goods. In Incoterms 1990 the expression "official charges payable upon exportation and importation of the goods" was used in DDP A6. In Incoterms 2000 DDP A6 the word "official" has been deleted, the reason being that this word gave rise to some uncertainty when determining whether the charge was "official" or not. No change of substantive meaning was intended through this deletion. The "charges" which must be paid only concern such charges as are a necessary consequence of the import as such and which thus have to be paid according to the applicable import regulations. Any additional charges levied by private parties in connection with the import are not to be included in these charges, such as charges for storage unrelated to the clearance obligation. However, the performance of that obligation may well result in some costs to customs brokers or freight forwarders if the party bearing the obligation does not do the work himself.

"ports", "places", "points" and "premises"

So far as concerns the place at which the goods are to be delivered, different expressions are used in Incoterms. In the terms intended to be used exclusively for carriage of goods by sea – such as FAS, FOB, CFR, CIF, DES and DEQ – the expressions "port of shipment" and "port of destination" have been used. In all other cases the word "place" has been used. In some cases, it has been deemed necessary also to indicate a "point" within the port or place as it may be important for the seller to know not only that the goods should be delivered in a particular area like a city but also where within that area the goods should be placed at the disposal of the buyer. Contracts of sale would frequently lack information in this respect and Incoterms therefore stipulate that if no specific point has been agreed within the named place, and if there are several points available, the seller may select the point which best suits his purpose (as an example see FCA A4). Where the delivery point is the seller's "place" the expression "the seller's premises" (FCA A4) has been used.

"ship" and "vessel"

In the terms intended to be used for carriage of goods by sea, the expressions "ship" and "vessel" are used as synonyms. Needless to say, the term "ship" would have to be used when it is an ingredient in the trade term itself such as in "free alongside ship" (FAS) and "delivery ex ship" (DES). Also, in view of the traditional use of the expression "passed the ship's rail" in FOB, the word "ship" has had to be used in that connection.

"checking" and "inspection"

In the A9 and B9 clauses of Incoterms the headings "checking – packaging and marking" and "inspection of the goods" respectively have been used. Although the words "checking" and "inspection" are synonyms, it has been deemed appropriate to use the former word with respect to the seller's delivery obligation under A4 and to reserve the latter for the particular case when a "pre-shipment inspection" is performed, since such inspection normally is only required when the buyer or the authorities of the export or import country want to ensure that the goods conform with contractual or official stipulations before they are shipped.

7. The seller's delivery obligations

Incoterms focus on the seller's delivery obligation. The precise distribution of functions and costs in connection with the seller's delivery of the goods would normally not cause problems where the parties have a continuing commercial relationship. They would then establish a practice between themselves ("course of dealing") which they would follow in subsequent dealings in the same manner as they have done earlier. However, if a new commercial relationship is established or if a contract is made through the medium of brokers – as is common in the sale of commodities – one would have to apply the stipulations of the contract of sale and, whenever Incoterms 2000 have been incorporated into that contract, apply the division of functions, costs and risks following therefrom.

It would, of course, have been desirable if Incoterms could specify in as detailed a manner as possible the duties of the parties in connection with the delivery of the goods. Compared with Incoterms 1990, further efforts have been made in this respect in some specified instances (see for example FCA A4). But it has not been possible to avoid reference to customs of the trade in FAS and FOB A4 ("in the manner customary at the port"), the reason being that particularly in commodity trade the exact manner in which the goods are delivered for carriage in FAS and FOB contracts vary in the different sea ports.

8. Passing of risks and costs relating to the goods

The risk of loss of or damage to the goods, as well as the obligation to bear the costs relating to the goods, passes from the seller to the buyer when the seller has fulfilled his obligation to deliver the goods. Since the buyer should not be given the possibility to delay the passing of the risk and costs, all terms stipulate that the passing of risk and costs may occur even before delivery, if the buyer does not take delivery as agreed or fails to give such instructions (with respect to time for shipment and/or place for delivery) as the seller may require in order to fulfil his obligation to deliver the goods. It is a requirement for such premature passing of risk and costs that the goods have been identified as intended for the buyer or, as is stipulated in the terms, set aside for him (appropriation).

This requirement is particularly important under EXW, since under all other terms the goods would normally have been identified as intended for the buyer when measures have been taken for their shipment or dispatch ("F"- and "C"-terms) or their delivery at destination ("D"-terms). In exceptional cases, however, the goods may have been sent from the seller in bulk without identification of the quantity for each buyer and, if so, passing of risk and cost does not occur before the goods have been appropriated as aforesaid (cf. also article 69.3 of the 1980 United Nations Convention on Contracts for the International Sale of Goods).

9. The terms

9.1   **The "E"-term is the term in which the seller's obligation is at its minimum:** the seller has to do no more than place the goods at the disposal of the buyer at the agreed place – usually at the seller's own premises. On the other hand, as a matter of practical reality, the seller would frequently assist the buyer in loading the goods on the latter's collecting vehicle. Although EXW would better reflect this if the seller's obligations were to be extended so as to include loading, it was thought desirable to retain the traditional principle of the seller's minimum obligation under EXW so that it could be used for cases where the seller does not wish to assume any obligation whatsoever with respect to the loading of the goods. If the buyer wants the seller to do more, this should be made clear in the contract of sale.

9.2   The "F"-terms require the seller to deliver the goods for carriage as instructed by the buyer. The point at which the parties intend delivery to occur in the FCA term has caused difficulty because of the wide variety of circumstances which may surround contracts covered by this term. Thus, the goods may be loaded on a collecting vehicle sent by the buyer to pick them up at the seller's premises; alternatively, the goods may need to be unloaded from a vehicle sent by the seller to deliver the goods at a terminal named by the buyer. Incoterms 2000 take account of these alternatives by stipulating that, when the place named in the contract as the place of delivery is the seller's premises, delivery is complete when the goods are loaded on the buyer's collecting vehicle and, in other cases, delivery is complete when the goods are placed at the disposal of the buyer not unloaded from the seller's vehicle. The variations mentioned for different modes of transport in FCA A4 of Incoterms 1990 are not repeated in Incoterms 2000.

The delivery point under FOB, which is the same under CFR and CIF, has been left unchanged in Incoterms 2000 in spite of a considerable debate. Although the notion under FOB to deliver the goods "across the ship's rail" nowadays may seem inappropriate in many cases, it is nevertheless understood by merchants and applied in a manner which takes account of the goods and the available loading facilities. It was felt that a change of the FOB-point would create unnecessary confusion, particularly with respect to sale of commodities carried by sea typically under charter parties.

Unfortunately, the word "FOB" is used by some merchants merely to indicate any point of delivery – such as "FOB factory", "FOB plant", "FOB Ex seller's works" or other inland points – thereby neglecting what the abbreviation means: **F**ree **O**n **B**oard. It remains the case that such use of "FOB" tends to create confusion and should be avoided.

There is an important change of FAS relating to the obligation to clear the goods for export, since it appears to be the most common practice to put this duty on the seller rather than on the buyer. In order to ensure that this change is duly noted it has been marked with capital letters in the preamble of FAS.

9.3   The "C"-terms require the seller to contract for carriage on usual terms at his own expense. Therefore, a point up to which he would have to pay transport costs must necessarily be indicated after the respective "C"-term. Under the CIF and CIP terms the seller also has to take out insurance and bear the insurance cost. Since the point for the division of costs is fixed at a point in the country of destination, the "C"-terms are frequently mistakenly believed to be arrival contracts, in which the seller would bear all risks and costs until the goods have actually arrived at the agreed point. However, it must be stressed that the "C"-terms are of the same nature as the "F"-terms in that the seller fulfils the contract in the country of shipment or dispatch. Thus, the contracts of sale under the "C"-terms, like the contracts under the "F"-terms, fall within the category of shipment contracts.

It is in the nature of shipment contracts that, while the seller is bound to pay the normal transport cost for the carriage of the goods by a usual route and in a customary manner to the agreed place, the risk of loss of or damage to the goods, as well as additional costs resulting from events occurring after the goods having been appropriately delivered for carriage, fall upon the buyer. Hence, the "C"-terms are distinguishable from all other terms in that they contain two "critical" points, one indicating the point to which the seller is bound to arrange and bear the costs of a contract of carriage and another one for the allocation of risk. For this reason, the greatest caution must be observed when adding obligations of the seller to the "C"-terms which seek to extend the seller's responsibility beyond the aforementioned "critical" point for the allocation of risk. It is of the very essence of the "C"-terms that the seller is relieved of any further risk and cost after he has duly fulfilled his contract by contracting for carriage and handing over the goods to the carrier and by providing for insurance under the CIF- and CIP-terms.

The essential nature of the "C"-terms as shipment contracts is also illustrated by the common use of documentary credits as the preferred mode of payment used in such terms. Where it is agreed by the parties to the sale contract that the seller will be paid by presenting the agreed shipping documents to a bank under a documentary credit, it would be quite contrary to the central purpose of the documentary credit for the seller to bear further risks and costs after the moment when payment had been made under documentary credits or otherwise upon shipment and dispatch of the goods. Of course, the seller would have to bear the cost of the contract of carriage irrespective of whether freight is pre-paid upon shipment or is payable at destination (freight collect); however, additional costs which may result from events occurring subsequent to shipment and dispatch are necessarily for the account of the buyer.

If the seller has to provide a contract of carriage which involves payment of duties, taxes and other charges, such costs will, of course, fall upon the seller to the extent that they are for his account under that contract. This is now explicitly set forth in the A6 clause of all "C"-terms.

If it is customary to procure several contracts of carriage involving transhipment of the goods at intermediate places in order to reach the agreed destination, the seller would have to pay all these costs, including any costs incurred when the goods are transhipped from one means of conveyance to the other. If, however, the carrier exercised his rights under a transhipment – or similar clause – in order to avoid unexpected hindrances (such as ice, congestion, labour disturbances, government orders, war or warlike operations) then any additional cost resulting therefrom would be for the account of the buyer, since the seller's obligation is limited to procuring the usual contract of carriage.

It happens quite often that the parties to the contract of sale wish to clarify the extent to which the seller should procure a contract of carriage including the costs of discharge. Since such costs are normally covered by the freight when the goods are carried by regular shipping lines, the contract of sale will frequently stipulate that the goods are to be so carried or at least that they are to be carried under "liner terms". In other cases, the word "landed" is added after CFR or CIF. However, it is advisable not to use abbreviations added to the "C"-terms unless, in the relevant trade, the meaning of the abbreviations is clearly understood and accepted by the contracting parties or under any applicable law or custom of the trade.

In particular, the seller should not – and indeed could not, without changing the very nature of the "C"-terms – undertake any obligation with respect to the arrival of the goods at destination, since the risk of any delay during the carriage is borne by the buyer. Thus, any obligation with respect to time must necessarily refer to the place of shipment or dispatch, for example, "shipment (dispatch) not later than...". An agreement for example, "CFR Hamburg not later than..." is really a misnomer and thus open to different possible interpretations. The parties could be taken to have meant either that the goods must actually arrive at Hamburg at the specified date, in which case the contract is not a shipment contract but an arrival contract or, alternatively, that the seller must ship the goods at such a time that they would normally arrive at Hamburg before the specified date unless the carriage would have been delayed because of unforeseen events.

It happens in commodity trades that goods are bought while they are at sea and that, in such cases, the word "afloat" is added after the trade term. Since the risk of loss of or damage to the goods would then, under the CFR- and CIF-terms, have passed from the seller to the buyer, difficulties of interpretation might arise. One possibility would be to maintain the ordinary meaning of the CFR- and CIF-terms with respect to the allocation of risk between seller and buyer, namely that risk passes on shipment: this would mean that the buyer might have to assume the consequences of events having already occurred at the time when the contract of sale enters into force. The other possibility would be to let the passing of the risk coincide with the time when the contract of sale is concluded. The former possibility might well be practical, since it is usually impossible to ascertain the condition of the goods while they are being carried. For this reason the 1980 United Nations Convention on Contracts for the International Sale of Goods article 68 stipulates that "if the circumstances so indicate, the risk is assumed by the buyer from the time the goods were handed over to the carrier who issued the documents embodying the contract of carriage". There is, however, an exception to this rule when "the seller knew or ought to have known that the goods had been lost or damaged and did not disclose this to the buyer". Thus, the interpretation of a CFR- or CIF-term with the addition of the word "afloat" will depend upon the law applicable to the contract of sale. The parties are advised to ascertain the applicable law and any solution which might follow therefrom. In case of doubt, the parties are advised to clarify the matter in their contract.

In practice, the parties frequently continue to use the traditional expression C&F (or C and F, C+F). Nevertheless, in most cases it would appear that they regard these expressions as equivalent to CFR. In order to avoid difficulties of interpreting their contract the parties should use the correct Incoterm which is CFR, the only world-wide-accepted standard abbreviation for the term "Cost and Freight (... named port of destination)".

CFR and CIF in A8 of Incoterms 1990 obliged the seller to provide a copy of the charterparty whenever his transport document (usually the bill of lading) contained a reference to the charterparty, for example, by the frequent notation "all other terms and conditions as per charterparty". Although, of course, a contracting party should always be able to ascertain all terms of his contract – preferably at the time of the conclusion of the contract – it appears that the practice to provide the charterparty as aforesaid has created problems particularly in connection with documentary credit transactions. The obligation of the seller under CFR and CIF to provide a copy of the charterparty together with other transport documents has been deleted in Incoterms 2000.

Although the A8 clauses of Incoterms seek to ensure that the seller provides the buyer with "proof of delivery", it should be stressed that the seller fulfils that requirement when he provides the "usual" proof. Under CPT and CIP it would be the "usual transport document" and under CFR and CIF a bill of lading or a sea waybill. The transport documents must be "clean", meaning that they must not contain clauses or notations expressly declaring a defective condition of the goods and/or the packaging. If such clauses or notations appear in the document, it is regarded as "unclean" and would then not be accepted by banks in documentary credit transactions. However, it should be noted that a transport document even without such clauses or notations would usually not provide the buyer with incontrovertible proof as against the carrier that the goods were shipped in conformity with the stipulations of the contract of sale. Usually, the carrier would, in standardized text on the front page of the transport document, refuse to accept responsibility for information with respect to the goods by indicating that the particulars inserted in the transport document constitute the shipper's declarations and therefore that the information is only "said to be" as inserted in the document. Under most applicable laws and principles, the carrier must at least use reasonable means of checking the correctness of the information and his failure to do so may make him liable to the consignee. However, in container trade, the carrier's means of checking the contents in the container would not exist unless he himself was responsible for stowing the container.

There are only two terms which deal with insurance, namely CIF and CIP. Under these terms the seller is obliged to procure insurance for the benefit of the buyer. In other cases it is for the parties themselves to decide whether and to what extent they want to cover themselves by insurance. Since the seller takes out insurance for the benefit of the buyer, he would not know the buyer's precise requirements. Under the Institute Cargo Clauses drafted by the Institute of London Underwriters, insurance is available in "minimum cover" under Clause C, "medium cover" under Clause B and "most extended cover" under Clause A. Since in the sale of commodities under the CIF term the buyer may wish to sell the goods in transit to a subsequent buyer who in turn may wish to resell the goods again, it is impossible to know the insurance cover suitable to such subsequent buyers and, therefore, the minimum cover under CIF has traditionally been chosen with the possibility for the buyer to require the seller to take out additional insurance. Minimum cover is however unsuitable for sale of manufactured goods where the risk of theft, pilferage or improper handling or custody of the goods would require more than the cover available under Clause C. Since CIP, as distinguished from CIF, would normally not be used for the sale of commodities, it would have been feasible to adopt the most extended cover under CIP rather than the minimum cover under CIF. But to vary the seller's insurance obligation under CIF and CIP would lead to confusion and both terms therefore limit the seller's insurance obligation to the minimum cover. It is particularly important for the CIP-buyer to observe this: should additional cover be required, he should agree with the seller that the latter could take out additional insurance or, alternatively, arrange for extended insurance cover himself. There are also particular instances where the buyer may wish to obtain even more protection than is available under Institute Clause A, for example insurance against war, riots, civil commotion, strikes or other labour disturbances. If he wishes the seller to arrange such insurance he must instruct him accordingly in which case the seller would have to provide such insurance if procurable.

9.4 The "D"-terms are different in nature from the "C"-terms, since the seller according to the "D"-terms is responsible for the arrival of the goods at the agreed place or point of destination at the border or within **the country of import.** The seller must bear all risks and costs in bringing the goods thereto. Hence, the "D"-terms signify **arrival contracts**, while the "C"-terms evidence departure (shipment) **contracts**.

Under the "D"-terms except DDP the seller does not have to deliver the goods cleared for import **in the country of destination**.

Traditionally, the seller had the obligation to clear the goods for import under DEQ, since the goods had to be landed on the quay and thus were brought into the country of import. But owing to changes in customs clearance procedures in most countries, it is now more appropriate that the party domiciled in the country concerned undertakes the clearance and pays the duties and other charges. Thus, a change in DEQ has been made for the same reason as the change in FAS previously mentioned. As in FAS, in DEQ the change has been marked with capital letters in the preamble.

It appears that in many countries trade terms not included in Incoterms are used particularly in railway traffic ("franco border", "franco-frontière", "Frei Gränze"). However, under such terms it is normally not intended that the seller should assume the risk of loss of or damage to goods during the transport up to the border. It would be preferable in these circumstances to use CPT indicating the border. If, on the other hand, the parties intend that the seller should bear the risk during the transport DAF indicating the border would be appropriate.

The DDU term was added in the 1990 version of Incoterms. The term fulfils an important function whenever the seller is prepared to deliver the goods in the country of destination without clearing the goods for import and paying the duty. In countries where import clearance may be difficult and time-consuming, it may be risky for the seller to undertake an obligation to deliver the goods beyond the customs clearance point. Although, according to DDU B5 and B6, the buyer would have to bear the additional risks and costs which might follow from his failure to fulfil his obligations to clear the goods for import, the seller is advised not to use the DDU term in countries where difficulties might be expected in clearing the goods for import.

10. The expression "No obligation"

As appears from the expressions "the seller must" and "the buyer must" Incoterms are only concerned with the obligations which the parties owe to each other. The words "no obligation" have therefore been inserted whenever one party does not owe an obligation to the other party. Thus, if for instance according to A3 of the respective term the seller has to arrange and pay for the contract of carriage we find the words "no obligation" under the heading "contract of carriage" in B3 a) setting forth the buyer's position. Again, where neither party owes the other an obligation, the words "no obligation" will appear with respect to both parties, for example, with respect to insurance.

In either case, it is important to point out that even though one party may be under "no obligation" towards the other to perform a certain task, this does not mean that it is not in his interest to perform that task. Thus, for example, just because a CFR buyer owes his seller no duty to make a contract of insurance under B4, it is clearly in his interest to make such a contract, the seller being under no such obligation to procure insurance cover under A4.

11. Variants of Incoterms

In practice, it frequently happens that the parties themselves by adding words to an Incoterm seek further precision than the term could offer. It should be underlined that Incoterms give no guidance whatsoever for such additions. Thus, if the parties cannot rely on a well-established custom of the trade for the interpretation of such additions they may encounter serious problems when no consistent understanding of the additions could be proven.

If for instance the common expressions "FOB stowed" or "EXW loaded" are used, it is impossible to establish a world-wide understanding to the effect that the seller's obligations are extended not only with respect to the cost of actually loading the goods in the ship or on the vehicle respectively but also include the risk of fortuitous loss of or damage to the goods in the process of stowage and loading. For these reasons, the parties are strongly advised to clarify whether they only mean that the function or the cost of the stowage and loading operations should fall upon the seller or whether he should also bear the risk until the stowage and loading has actually been completed. These are questions to which Incoterms do not provide an answer: consequently, if the contract too fails expressly to describe the parties' intentions, the parties may be put to much unnecessary trouble and cost.

Although Incoterms 2000 do not provide for many of these commonly used variants, the preambles to certain trade terms do alert the parties to the need for special contractual terms if the parties wish to go beyond the stipulations of Incoterms.

EXW the added obligation for the seller to load the goods on the buyer's collecting vehicle;

CIF/CIP the buyer's need for additional insurance;

DEQ the added obligation for the seller to pay for costs after discharge.

In some cases sellers and buyers refer to commercial practice in liner and charterparty trade. In these circumstances, it is necessary to clearly distinguish between the obligations of the parties under the contract of carriage and their obligations to each other under the contract of sale. Unfortunately, there are no authoritative definitions of expressions such as "liner terms" and "terminal handling charges" (THC). Distribution of costs under such terms may differ in different places and change from time to time. The parties are recommended to clarify in the contract of sale how such costs should be distributed between themselves.

Expressions frequently used in charterparties, such as "FOB stowed", "FOB stowed and trimmed", are sometimes used in contracts of sale in order to clarify to what extent the seller under FOB has to perform stowage and trimming of the goods onboard the ship. Where such words are added, it is necessary to clarify in the contract of sale whether the added obligations only relate to costs or to both costs and risks.

As has been said, every effort has been made to ensure that Incoterms reflect the most common commercial practice. However in some cases – particularly where Incoterms 2000 differ from Incoterms 1990 – the parties may wish the trade terms to operate differently. They are reminded of such options in the preamble of the terms signalled by the word "However".

12. Customs of the port or of a particular trade

Since Incoterms provide a set of terms for use in different trades and regions it is impossible always to set forth the obligations of the parties with precision. To some extent it is therefore necessary to refer to the custom of the port or of the particular trade or to the practices which the parties themselves may have established in their previous dealings (cf. article 9 of the 1980 United Nations Convention on Contracts for the International Sale of Goods). It is of course desirable that sellers and buyers keep themselves duly informed of such customs when they negotiate their contract and that, whenever uncertainty arises, they clarify their legal position by appropriate clauses in their contract of sale. Such special provisions in the individual contract would supersede or vary anything that is set forth as a rule of interpretation in the various Incoterms.

13. The buyer's options as to the place of shipment

In some situations, it may not be possible at the time when the contract of sale is entered into to decide precisely on the exact point or even the place where the goods should be delivered by the seller for carriage. For instance reference might have been made at this stage merely to a "range" or to a rather large place, for example, seaport, and it is then usually stipulated that the buyer has the right or duty to name later on the more precise point within the range or the place. If the buyer has a duty to name the precise point as aforesaid his failure to do so might result in liability to bear the risks and additional costs resulting from such failure (B5/B7 of all terms). In addition, the buyer's failure to use his right to indicate the point may give the seller the right to select the point which best suits his purpose (FCA A4).

14. Customs clearance

The term "customs clearance" has given rise to misunderstandings. Thus, whenever reference is made to an obligation of the seller or the buyer to undertake obligations in connection with passing the goods through customs of the country of export or import it is now made clear that this obligation does not only include the payment of duty and other charges but also the performance and payment of whatever administrative matters are connected with the passing of the goods through customs and the information to the authorities in this connection. Further, it has – although quite wrongfully – been considered in some quarters inappropriate to use terms dealing with the obligation to clear the goods through customs when, as in intra-European Union trade or other free trade areas, there is no longer any obligation to pay duty and no restrictions relating to import or export. In order to clarify the situation, the words "where applicable" have been added in the A2 and B2, A6 and B6 clauses of the relevant Incoterms **in order for them to be used without any ambiguity where no customs procedures are required**.

It is normally desirable that customs clearance is arranged by the party domiciled in the country where such clearance should take place or at least by somebody acting there on his behalf. Thus, the exporter should normally clear the goods for export, while the importer should clear the goods for import.

Incoterms 1990 departed from this under the trade terms EXW and FAS (export clearance duty on the buyer) and DEQ (import clearance duty on the seller) but in Incoterms 2000 FAS and DEQ place the duty of clearing the goods for export on the seller and to clear them for import on the buyer respectively, while EXW – representing the seller's minimum obligation – has been left unamended (export clearance duty on the buyer). Under DDP the seller specifically agrees to do what follows from the very name of the term – **D**elivered **D**uty **P**aid – namely to clear the goods for import and pay any duty as a consequence thereof.

15. Packaging

In most cases, the parties would know beforehand which packaging is required for the safe carriage of the goods to destination. However, since the seller's obligation to pack the goods may well vary according to the type and duration of the transport envisaged, it has been felt necessary to stipulate that the seller is obliged to pack the goods in such a manner as is required for the transport, but only to the extent that the circumstances relating to the transport are made known to him before the contract of sale is concluded (cf. articles 35.1. and 35.2.b. of the 1980 United Nations Convention on Contracts for the International Sale of Goods where the goods, including packaging, must be "fit for any particular purpose expressly or impliedly made known to the seller at the time of the conclusion of the contract, except where the circumstances show that the buyer did not rely, or that it was unreasonable for him to rely, on the seller's skill and judgement").

16. Inspection of goods

In many cases, the buyer may be well advised to arrange for inspection of the goods before or at the time they are handed over by the seller for carriage (so-called pre-shipment inspection or PSI). Unless the contract stipulates otherwise, the buyer would himself have to pay the cost for such inspection that is arranged in his own interest. However, if the inspection has been made in order to enable the seller to comply with any mandatory rules applicable to the export of the goods in his own country, the seller would have to pay for that inspection, unless the EXW term is used, in which case the costs of such inspection are for the account of the buyer.

17. Mode of transport and the appropriate Incoterm 2000

Any mode of transport

Group E

EXW Ex Works (... named place)

Group F

FCA Free Carrier (... named place)

Group C

CPT Carriage Paid To
(... named place of destination)

CIP Carriage and Insurance Paid To
(... named place of destination)

Group D

DAF Delivered At Frontier
(... named place)

DDU Delivered Duty Unpaid
(... named place of destination)

DDP Delivered Duty Paid
(... named place of destination)

Maritime and inland waterway transport only

Group F

FAS Free Alongside Ship
(... named port of shipment)

FOB Free On Board
(... named port of shipment)

Group C

CFR Cost and Freight
(... named port of destination)

CIF Cost, Insurance and Freight
(... named port of destination)

Group D

DES Delivered Ex Ship
(... named port of destination)

DEQ Delivered Ex Quay
(... named port of destination)

18. The recommended use

In some cases the preamble recommends the use or non-use of a particular term. This is particularly important with respect to the choice between FCA and FOB. Regrettably, merchants continue to use FOB when it is totally out of place thereby causing the seller to incur risks subsequent to the handing over of the goods to the carrier named by the buyer. FOB is only appropriate to use where the goods are intended to be delivered "across the ship's rail" or, in any event, to the ship and not where the goods are handed over to the carrier for subsequent entry into the ship, for example stowed in containers or loaded on lorries or wagons in so-called roll on – roll off traffic. Thus, a strong warning has been made in the preamble of FOB that the term should not be used when the parties do not intend delivery across the ship's rail.

It happens that the parties by mistake use terms intended for carriage of goods by sea also when another mode of transport is contemplated. This may put the seller in the unfortunate position that he cannot fulfil his obligation to tender the proper document to the buyer (for example a bill of lading, sea waybill or the electronic equivalent). The chart printed at paragraph 17 above makes clear which trade term in Incoterms 2000 it is appropriate to use for which mode of transport. Also, it is indicated in the preamble of each term whether it can be used for all modes of transport or only for carriage of goods by sea.

19. The bill of lading and electronic commerce

Traditionally, the on board bill of lading has been the only acceptable document to be presented by the seller under the CFR and CIF terms. The bill of lading fulfils three important functions, namely:

– proof of delivery of the goods on board the vessel;

– evidence of the contract of carriage; and

– a means of transferring rights to the goods in transit to another party by the transfer of the paper document to him.

Transport documents other than the bill of lading would fulfil the two first-mentioned functions, but would not control the delivery of the goods at destination or enable a buyer to sell the goods in transit by surrendering the paper document to his buyer. Instead, other transport documents would name the party entitled to receive the goods at destination. The fact that the possession of the bill of lading is required in order to obtain the goods from the carrier at destination makes it particularly difficult to replace by electronic means of communication.

Further, it is customary to issue bills of lading in several originals but it is, of course, of vital importance for a buyer or a bank acting upon his instructions in paying the seller to ensure that all originals are surrendered by the seller (so-called "full set"). This is also a requirement under the ICC Rules for Documentary Credits (the so-called ICC Uniform

Customs and Practice, "UCP"; current version at date of publication of Incoterms 2000: ICC publication 500).

The transport document must evidence not only delivery of the goods to the carrier but also that the goods, as far as could be ascertained by the carrier, were received in good order and condition. Any notation on the transport document which would indicate that the goods had not been in such condition would make the document "unclean" and would thus make it unacceptable under the UCP.

In spite of the particular legal nature of the bill of lading it is expected that it will be replaced by electronic means in the near future. The 1990 version of Incoterms had already taken this expected development into proper account. According to the A8 clauses, paper documents may be replaced by electronic messages provided the parties have agreed to communicate electronically. Such messages could be transmitted directly to the party concerned or through a third party providing added-value services. One such service that can be usefully provided by a third party is registration of successive holders of a bill of lading. Systems providing such services, such as the so-called BOLERO service, may require further support by appropriate legal norms and principles as evidenced by the CMI 1990 Rules for Electronic Bills of Lading and articles 16-17 of the 1996 UNCITRAL Model Law on Electronic Commerce.

20. Non-negotiable transport documents instead of bills of lading

In recent years, a considerable simplification of documentary practices has been achieved. Bills of lading are frequently replaced by non-negotiable documents similar to those which are used for other modes of transport than carriage by sea. These documents are called "sea waybills", "liner waybills", "freight receipts", or variants of such expressions. Non-negotiable documents are quite satisfactory to use except where the buyer wishes to sell the goods in transit by surrendering a paper document to the new buyer. In order to make this possible, the obligation of the seller to provide a bill of lading under CFR and CIF must necessarily be retained. However, when the contracting parties know that the buyer does not contemplate selling the goods in transit, they may specifically agree to relieve the seller from the obligation to provide a bill of lading, or, alternatively, they may use CPT and CIP where there is no requirement to provide a bill of lading.

21. The right to give instructions to the carrier

A buyer paying for the goods under a "C"-term should ensure that the seller upon payment is prevented from disposing of the goods by giving new instructions to the carrier. Some transport documents used for particular modes of transport (air, road or rail) offer the contracting parties a possibility to bar the seller from giving such new instructions to the carrier by providing the buyer with a particular original or duplicate of the waybill. However, the documents used instead of bills of lading for maritime carriage do not normally contain such a barring function. The Comité Maritime International has remedied this shortcoming of the above-mentioned documents by introducing the 1990 "Uniform Rules for Sea Waybills" enabling the parties to insert a "no-disposal" clause whereby the seller surrenders the right to dispose of the goods by instructions to the carrier to deliver the goods to somebody else or at another place than stipulated in the waybill.

22. ICC arbitration

Contracting parties who wish to have the possibility of resorting to ICC Arbitration in the event of a dispute with their contracting partner should specifically and clearly agree upon ICC Arbitration in their contract or, in the event that no single contractual document exists, in the exchange of correspondence which constitutes the agreement between them. The fact of incorporating one or more Incoterms in a contract or the related correspondence does NOT by itself constitute an agreement to have resort to ICC Arbitration.

The following standard arbitration clause is recommended by ICC:

"All disputes arising out of or in connection with the present contract shall be finally settled under the Rules of Arbitration of the International Chamber of Commerce by one or more arbitrators appointed in accordance with the said Rules."

EXW
EX WORKS
(... named place)

"Ex works" means that the seller delivers when he places the goods at the disposal of the buyer at the seller's premises or another named place (i.e. works, factory, warehouse, etc.) not cleared for export and not loaded on any collecting vehicle.

This term thus represents the minimum obligation for the seller, and the buyer has to bear all costs and risks involved in taking the goods from the seller's premises.

However, if the parties wish the seller to be responsible for the loading of the goods on departure and to bear the risks and all the costs of such loading, this should be made clear by adding explicit wording to this effect in the contract of sale[1]. This term should not be used when the buyer cannot carry out the export formalities directly or indirectly. In such circumstances, the FCA term should be used, provided the seller agrees that he will load at his cost and risk.

© 1999 International Chamber of Commerce

---

1   Refer to Introduction paragraph 11.

EXW

A THE SELLER'S OBLIGATIONS

A1 Provision of goods in conformity with the contract

The seller must provide the goods and the commercial invoice, or its equivalent electronic message, in conformity with the contract of sale and any other evidence of conformity which may be required by the contract.

A2 Licences, authorizations and formalities

The seller must render the buyer, at the latter's request, risk and expense, every assistance in obtaining, where applicable[2], any export licence or other official authorization necessary for the export of the goods.

A3 Contracts of carriage and insurance

a) Contract of carriage
No obligation[3].

b) Contract of insurance
No obligation[4].

A4 Delivery

The seller must place the goods at the disposal of the buyer at the named place of delivery, not loaded on any collecting vehicle, on the date or within the period agreed or, if no such time is agreed, at the usual time for delivery of such goods. If no specific point has been agreed within the named place, and if there are several points available, the seller may select the point at the place of delivery which best suits his purpose.

A5 Transfer of risks

The seller must, subject to the provisions of B5, bear all risks of loss of or damage to the goods until such time as they have been delivered in accordance with A4.

---

2   Refer to Introduction paragraph 14.
3   Refer to Introduction paragraph 10.
4   Refer to Introduction paragraph 10.

EXW

B THE BUYER'S OBLIGATIONS

B1 Payment of the price

The buyer must pay the price as provided in the contract of sale.

B2 Licences, authorizations and formalities

The buyer must obtain at his own risk and expense any export and import licence or other official authorization and carry out, where applicable[5], all customs formalities for the export of the goods.

B3 Contracts of carriage and insurance

a) Contract of carriage
No obligation[6].

b) Contract of insurance
No obligation[7].

B4 Taking delivery

The buyer must take delivery of the goods when they have been delivered in accordance with A4 and A7/B7.

B5 Transfer of risks

The buyer must bear all risks of loss of or damage to the goods
• from the time they have been delivered in accordance with A4; and
• from the agreed date or the expiry date of any period fixed for taking delivery which arise because he fails to give notice in accordance with B7, provided, however, that the goods have been duly appropriated to the contract, that is to say clearly set aside or otherwise identified as the contract goods.

---

5   Refer to Introduction paragraph 14.
6   Refer to Introduction paragraph 10.
7   Refer to Introduction paragraph 10.

A6 Division of costs

The seller must, subject to the provisions of B6, pay all costs relating to the goods until such time as they have been delivered in accordance with A4.

A7 Notice to the buyer

The seller must give the buyer sufficient notice as to when and where the goods will be placed at his disposal.

A8 Proof of delivery, transport document or equivalent electronic message

No obligation[8].

A9 Checking – packaging – marking

The seller must pay the costs of those checking operations (such as checking quality, measuring, weighing, counting) which are necessary for the purpose of placing the goods at the buyer's disposal.

The seller must provide at his own expense packaging (unless it is usual for the particular trade to make the goods of the contract description available unpacked) which is required for the transport of the goods, to the extent that the circumstances relating to the transport (for example modalities, destination) are made known to the seller before the contract of sale is concluded. Packaging is to be marked appropriately.

A10 Other obligations

The seller must render the buyer at the latter's request, risk and expense, every assistance in obtaining any documents or equivalent electronic messages issued or transmitted in the country of delivery and/or of origin which the buyer may require for the export and/or import of the goods and, where necessary, for their transit through any country.

The seller must provide the buyer, upon request, with the necessary information for procuring insurance.

---

8   Refer to Introduction paragraph 10.

EXW

B6 Division of costs

The buyer must pay

- all costs relating to the goods from the time they have been delivered in accordance with A4; and
- any additional costs incurred by failing either to take delivery of the goods when they have been placed at his disposal, or to give appropriate notice in accordance with B7 provided, however, that the goods have been duly appropriated to the contract, that is to say, clearly set aside or otherwise identified as the contract goods; and
- where applicable[9], all duties, taxes and other charges as well as the costs of carrying out customs formalities payable upon export.

The buyer must reimburse all costs and charges incurred by the seller in rendering assistance in accordance with A2.

B7 Notice to the seller

The buyer must, whenever he is entitled to determine the time within an agreed period and/or the place of taking delivery, give the seller sufficient notice thereof.

B8 Proof of delivery, transport document or equivalent electronic message

The buyer must provide the seller with appropriate evidence of having taken delivery.

B9 Inspection of goods

The buyer must pay the costs of any pre-shipment inspection, including inspection mandated by the authorities of the country of export.

B10 Other obligations

The buyer must pay all costs and charges incurred in obtaining the documents or equivalent electronic messages mentioned in A10 and reimburse those incurred by the seller in rendering his assistance in accordance therewith.

---

9   Refer to Introduction paragraph 14.

FCA
FREE CARRIER
(... named place)

"Free Carrier" means that the seller delivers the goods, cleared for export, to the carrier nominated by the buyer at the named place. It should be noted that the chosen place of delivery has an impact on the obligations of loading and unloading the goods at that place. If delivery occurs at the seller's premises, the seller is responsible for loading. If delivery occurs at any other place, the seller is not responsible for unloading.

This term may be used irrespective of the mode of transport, including multimodal transport.

"Carrier" means any person who, in a contract of carriage, undertakes to perform or to procure the performance of transport by rail, road, air, sea, inland waterway or by a combination of such modes.

If the buyer nominates a person other than a carrier to receive the goods, the seller is deemed to have fulfilled his obligation to deliver the goods when they are delivered to that person.

A THE SELLER'S OBLIGATIONS

A1 Provision of goods in conformity with the contract

The seller must provide the goods and the commercial invoice, or its equivalent electronic message, in conformity with the contract of sale and any other evidence of conformity which may be required by the contract.

A2 Licences, authorizations and formalities

The seller must obtain at his own risk and expense any export licence or other official authorization and carry out, where applicable[1], all customs formalities necessary for the export of the goods.

A3 Contracts of carriage and insurance

a) Contract of carriage

No obligation[2]. However, if requested by the buyer or if it is commercial practice and the buyer does not give an instruction to the contrary in due time, the seller may contract for carriage on usual terms at the buyer's risk and expense. In either case, the seller may decline to make the contract and, if he does, shall promptly notify the buyer accordingly.

b) Contract of insurance

No obligation[3].

A4 Delivery

The seller must deliver the goods to the carrier or another person nominated by the buyer, or chosen by the seller in accordance with A3 a), at the named place on the date or within the period agreed for delivery.

Delivery is completed;
a) If the named place is the seller's premises, when the goods have been loaded on the means of transport provided by the carrier nominated by the buyer or another person acting on his behalf.

b) If the named place is anywhere other than a), when the goods are placed at the disposal of the carrier or another person nominated by the buyer, or chosen by the seller in accordance with A3 a) on the seller's means of transport not unloaded.

If no specific point has been agreed within the named place, and if there are several points available, the seller may select the point at the place of delivery which best suits his purpose.

Failing precise instructions from the buyer, the seller may deliver the goods for carriage in such a manner as the transport mode and/or the quantity and/or nature of the goods may require.

---

1 Refer to Introduction paragraph 14.
2 Refer to Introduction paragraph 10.
3 Refer to Introduction paragraph 10.

B THE BUYER'S OBLIGATIONS

B1 Payment of the price
The buyer must pay the price as provided in the contract of sale.

B2 Licences, authorizations and formalities
The buyer must obtain at his own risk and expense any import licence or other official authorization and carry out, where applicable[4], all customs formalities for the import of the goods and for their transit through any country.

B3 Contracts of carriage and insurance
a) Contract of carriage
The buyer must contract at his own expense for the carriage of the goods from the named place, except when the contract of carriage is made by the seller as provided for in A3 a).
b) Contract of insurance
No obligation[5].

B4 Taking delivery
The buyer must take delivery of the goods when they have been delivered in accordance with A4.

---

4   Refer to Introduction paragraph 14.
5   Refer to Introduction paragraph 10.

A5   Transfer of risks

The seller must, subject to the provisions of B5, bear all risks of loss of or damage to the goods until such time as they have been delivered in accordance with A4.

A6   Division of costs

The seller must, subject to the provisions of B6, pay
- all costs relating to the goods until such time as they have been delivered in accordance with A4; and
- where applicable[6], the costs of customs formalities as well as all duties, taxes, and other charges payable upon export.

A7   Notice to the buyer

The seller must give the buyer sufficient notice that the goods have been delivered in accordance with A4. Should the carrier fail to take delivery in accordance with A4 at the time agreed, the seller must notify the buyer accordingly.

---

6   Refer to Introduction paragraph 14.

B5 Transfer of risks

The buyer must bear all risks of loss of or damage to the goods
- from the time they have been delivered in accordance with A4; and
- from the agreed date or the expiry date of any agreed period for delivery which arise either because he fails to nominate the carrier or another person in accordance with A4, or because the carrier or the party nominated by the buyer fails to take the goods into his charge at the agreed time, or because the buyer fails to give appropriate notice in accordance with B7, provided, however, that the goods have been duly appropriated to the contract, that is to say, clearly set aside or otherwise identified as the contract goods.

B6 Division of costs

The buyer must pay
- all costs relating to the goods from the time they have been delivered in accordance with A4; and
- any additional costs incurred, either because he fails to nominate the carrier or another person in accordance with A4 or because the party nominated by the buyer fails to take the goods into his charge at the agreed time, or because he has failed to give appropriate notice in accordance with B7, provided, however, that the goods have been duly appropriated to the contract, that is to say, clearly set aside or otherwise identified as the contract goods; and
- where applicable[7], all duties, taxes and other charges as well as the costs of carrying out customs formalities payable upon import of the goods and for their transit through any country.

B7 Notice to the seller

The buyer must give the seller sufficient notice of the name of the party designated in A4 and, where necessary, specify the mode of transport, as well as the date or period for delivering the goods to him and, as the case may be, the point within the place where the goods should be delivered to that party.

7　Refer to Introduction paragraph 14.

FCA

A8 Proof of delivery, transport document or equivalent electronic message

The seller must provide the buyer at the seller's expense with the usual proof of delivery of the goods in accordance with A4.

Unless the document referred to in the preceding paragraph is the transport document, the seller must render the buyer at the latter's request, risk and expense, every assistance in obtaining a transport document for the contract of carriage (for example a negotiable bill of lading, a non-negotiable sea waybill, an inland waterway document, an air waybill, a railway consignment note, a road consignment note, or a multimodal transport document).

When the seller and the buyer have agreed to communicate electronically, the document referred to in the preceding paragraph may be replaced by an equivalent electronic data interchange (EDI) message.

A9 Checking – packaging – marking

The seller must pay the costs of those checking operations (such as checking quality, measuring, weighing, counting) which are necessary for the purpose of delivering the goods in accordance with A4.

The seller must provide at his own expense packaging (unless it is usual for the particular trade to send the goods of the contract description unpacked) which is required for the transport of the goods, to the extent that the circumstances relating to the transport (for example modalities, destination) are made known to the seller before the contract of sale is concluded. Packaging is to be marked appropriately.

A10 Other obligations

The seller must render the buyer at the latter's request, risk and expense, every assistance in obtaining any documents or equivalent electronic messages (other than those mentioned in A8) issued or transmitted in the country of delivery and/or of origin which the buyer may require for the import of the goods and, where necessary, for their transit through any country.

The seller must provide the buyer, upon request, with the necessary information for procuring insurance.

B8 Proof of delivery, transport document or equivalent electronic message

The buyer must accept the proof of delivery in accordance with A8.

B9 Inspection of goods

The buyer must pay the costs of any pre-shipment inspection except when such inspection is mandated by the authorities of the country of export.

B10 Other obligations

The buyer must pay all costs and charges incurred in obtaining the documents or equivalent electronic messages mentioned in A10 and reimburse those incurred by the seller in rendering his assistance in accordance therewith and in contracting for carriage in accordance with A3 a).

The buyer must give the seller appropriate instructions whenever the seller's assistance in contracting for carriage is required in accordance with A3 a).

FAS
FREE ALONGSIDE SHIP
(... named port of shipment)

"Free Alongside Ship" means that the seller delivers when the goods are placed alongside the vessel at the named port of shipment. This means that the buyer has to bear all costs and risks of loss of or damage to the goods from that moment.

The FAS term requires the seller to clear the goods for export.

THIS IS A REVERSAL FROM PREVIOUS INCOTERMS VERSIONS WHICH REQUIRED THE BUYER TO ARRANGE FOR EXPORT CLEARANCE.

However, if the parties wish the buyer to clear the goods for export, this should be made clear by adding explicit wording to this effect in the contract of sale[1].

This term can be used only for sea or inland waterway transport.

---

1   Refer to Introduction paragraph 11.

FAS

A THE SELLER'S OBLIGATIONS

A1 Provision of goods in conformity with the contract

The seller must provide the goods and the commercial invoice, or its equivalent electronic message, in conformity with the contract of sale and any other evidence of conformity which may be required by the contract.

A2 Licences, authorizations and formalities

The seller must obtain at his own risk and expense any export licence or other official authorization and carry out, where applicable[2], all customs formalities necessary for the export of the goods.

A3 Contracts of carriage and insurance

a) Contract of carriage
No obligation[3].

b) Contract of insurance
No obligation[4].

A4 Delivery

The seller must place the goods alongside the vessel nominated by the buyer at the loading place named by the buyer at the named port of shipment on the date or within the agreed period and in the manner customary at the port.

A5 Transfer of risks

The seller must, subject to the provisions of B5, bear all risks of loss of or damage to the goods until such time as they have been delivered in accordance with A4.

---

2 Refer to Introduction paragraph 14.
3 Refer to Introduction paragraph 10.
4 Refer to Introduction paragraph 10.

B THE BUYER'S OBLIGATIONS

B1 Payment of the price

The buyer must pay the price as provided in the contract of sale.

B2 Licences, authorizations and formalities

The buyer must obtain at his own risk and expense any import licence or other official authorization and carry out, where applicable[5], all customs formalities for the import of the goods and for their transit through any country.

B3 Contracts of carriage and insurance

a) Contract of carriage
The buyer must contract at his own expense for the carriage of the goods from the named port of shipment.

b) Contract of insurance
No obligation[6].

B4 Taking delivery

The buyer must take delivery of the goods when they have been delivered in accordance with A4.

B5 Transfer of risks

The buyer must bear all risks of loss of or damage to the goods
- from the time they have been delivered in accordance with A4; and
- from the agreed date or the expiry date of the agreed period for delivery which arise because he fails to give notice in accordance with B7, or because the vessel nominated by him fails to arrive on time, or is unable to take the goods, or closes for cargo earlier than the time notified in accordance with B7, provided, however, that the goods have been duly appropriated to the contract, that is to say, clearly set aside or otherwise identified as the contract goods.

---

5   Refer to Introduction paragraph 14.
6   Refer to Introduction paragraph 10.

A6 Division of costs

The seller must, subject to the provisions of B6, pay

- all costs relating to the goods until such time as they have been delivered in accordance with A4; and
- where applicable[7], the costs of customs formalities as well as all duties, taxes, and other charges payable upon export.

A7 Notice to the buyer

The seller must give the buyer sufficient notice that the goods have been delivered alongside the nominated vessel.

A8 Proof of delivery, transport document or equivalent electronic message

The seller must provide the buyer at the seller's expense with the usual proof of delivery of the goods in accordance with A4.

Unless the document referred to in the preceding paragraph is the transport document, the seller must render the buyer at the latter's request, risk and expense, every assistance in obtaining a transport document (for example a negotiable bill of lading, a non-negotiable sea waybill, an inland waterway document).

When the seller and the buyer have agreed to communicate electronically, the document referred to in the preceding paragraphs may be replaced by an equivalent electronic data interchange (EDI) message.

A9 Checking – packaging – marking

The seller must pay the costs of those checking operations (such as checking quality, measuring, weighing, counting) which are necessary for the purpose of delivering the goods in accordance with A4.

The seller must provide at his own expense packaging (unless it is usual for the particular trade to ship the goods of the contract description unpacked) which is required for the transport of the goods, to the extent that the circumstances relating to the transport (for example modalities, destination) are made known to the seller before the contract of sale is concluded. Packaging is to be marked appropriately.

---

7   Refer to Introduction paragraph 14.

B6 Division of costs

The buyer must pay
- all costs relating to the goods from the time they have been delivered in accordance with A4; and
- any additional costs incurred, either because the vessel nominated by him has failed to arrive on time, or is unable to take the goods, or closes for cargo earlier than the time notified in accordance with B7, or because the buyer has failed to give appropriate notice in accordance with B7 provided, however, that the goods have been duly appropriated to the contract, that is to say, clearly set aside or otherwise identified as the contract goods; and
- where applicable[8], all duties, taxes and other charges as well as the costs of carrying out customs formalities payable upon import of the goods and for their transit through any country.

B7 Notice to the seller

The buyer must give the seller sufficient notice of the vessel name, loading point and required delivery time.

B8 Proof of delivery, transport document or equivalent electronic message

The buyer must accept the proof of delivery in accordance with A8.

B9 Inspection of goods

The buyer must pay the costs of any pre-shipment inspection, except when such inspection is mandated by the authorities of the country of export.

---

8 Refer to Introduction paragraph 14.

A10 Other obligations

The seller must render the buyer at the latter's request, risk and expense, every assistance in obtaining any documents or equivalent electronic messages (other than those mentioned in A8) issued or transmitted in the country of shipment and/or of origin which the buyer may require for the import of the goods and, where necessary, for their transit through any country.

The seller must provide the buyer, upon request, with the necessary information for procuring insurance.

B10 Other obligations

The buyer must pay all costs and charges incurred in obtaining the documents or equivalent electronic messages mentioned in A10 and reimburse those incurred by the seller in rendering his assistance in accordance therewith.

FOB
FREE ON BOARD
(... named port of shipment)

"Free on Board" means that the seller delivers when the goods pass the ship's rail at the named port of shipment. This means that the buyer has to bear all costs and risks of loss of or damage to the goods from that point. The FOB term requires the seller to clear the goods for export. This term can be used only for sea or inland waterway transport. If the parties do not intend to deliver the goods across the ship's rail, the FCA term should be used.

FOB

A THE SELLER'S OBLIGATIONS

A1 Provision of goods in conformity with the contract

The seller must provide the goods and the commercial invoice, or its equivalent electronic message, in conformity with the contract of sale and any other evidence of conformity which may be required by the contract.

A2 Licences, authorizations and formalities

The seller must obtain at his own risk and expense any export licence or other official authorization and carry out, where applicable[1], all customs formalities necessary for the export of the goods.

A3 Contracts of carriage and insurance

a) Contract of carriage
No obligation[2].

b) Contract of insurance
No obligation[3].

A4 Delivery

The seller must deliver the goods on the date or within the agreed period at the named port of shipment and in the manner customary at the port on board the vessel nominated by the buyer.

A5 Transfer of risks

The seller must, subject to the provisions of B5, bear all risks of loss of or damage to the goods until such time as they have passed the ship's rail at the named port of shipment.

---

1   Refer to Introduction paragraph 14.
2   Refer to Introduction paragraph 10.
3   Refer to Introduction paragraph 10.

B THE BUYER'S OBLIGATIONS

B1 Payment of the price
The buyer must pay the price as provided in the contract of sale.

B2 Licences, authorizations and formalities
The buyer must obtain at his own risk and expense any import licence or other official authorization and carry out, where applicable[4], all customs formalities for the import of the goods and, where necessary, for their transit through any country.

B3 Contracts of carriage and insurance
a) Contract of carriage
The buyer must contract at his own expense for the carriage of the goods from the named port of shipment.

b) Contract of insurance
No obligation[5].

B4 Taking delivery
The buyer must take delivery of the goods when they have been delivered in accordance with A4.

B5 Transfer of risks
The buyer must bear all risks of loss of or damage to the goods
* from the time they have passed the ship's rail at the named port of shipment; and
* from the agreed date or the expiry date of the agreed period for delivery which arise because he fails to give notice in accordance with B7, or because the vessel nominated by him fails to arrive on time, or is unable to take the goods, or closes for cargo earlier than the time notified in accordance with B7, provided, however, that the goods have been duly appropriated to the contract, that is to say, clearly set aside or otherwise identified as the contract goods.

---

4 Refer to Introduction paragraph 14.
5 Refer to Introduction paragraph 10.

A6 Division of costs

The seller must, subject to the provisions of B6, pay

- all costs relating to the goods until such time as they have passed the ship's rail at the named port of shipment; and
- where applicable[6], the costs of customs formalities necessary for export as well as all duties, taxes and other charges payable upon export.

A7 Notice to the buyer

The seller must give the buyer sufficient notice that the goods have been delivered in accordance with A4.

A8 Proof of delivery, transport document or equivalent electronic message

The seller must provide the buyer at the seller's expense with the usual proof of delivery in accordance with A4.

Unless the document referred to in the preceding paragraph is the transport document, the seller must render the buyer, at the latter's request, risk and expense, every assistance in obtaining a transport document for the contract of carriage (for example, a negotiable bill of lading, a non-negotiable sea waybill, an inland waterway document, or a multimodal transport document).

Where the seller and the buyer have agreed to communicate electronically, the document referred to in the preceding paragraph may be replaced by an equivalent electronic data interchange (EDI) message.

A9 Checking – packaging – marking

The seller must pay the costs of those checking operations (such as checking quality, measuring, weighing, counting) which are necessary for the purpose of delivering the goods in accordance with A4.

The seller must provide at his own expense packaging (unless it is usual for the particular trade to ship the goods of the contract description unpacked) which is required for the transport of the goods, to the extent that the circumstances relating to the transport (for example modalities, destination) are made known to the seller before the contract of sale is concluded. Packaging is to be marked appropriately.

6   Refer to Introduction paragraph 14.

B6   Division of costs

The buyer must pay

- all costs relating to the goods from the time they have passed the ship's rail at the named port of shipment; and
- any additional costs incurred, either because the vessel nominated by him fails to arrive on time, or is unable to take the goods, or closes for cargo earlier than the time notified in accordance with B7, or because the buyer has failed to give appropriate notice in accordance with B7, provided, however, that the goods have been duly appropriated to the contract, that is to say, clearly set aside or otherwise identified as the contract goods; and
- where applicable[7], all duties, taxes and other charges as well as the costs of carrying out customs formalities payable upon import of the goods and for their transit through any country.

B7   Notice to the seller

The buyer must give the seller sufficient notice of the vessel name, loading point and required delivery time.

B8   Proof of delivery, transport document or equivalent electronic message

The buyer must accept the proof of delivery in accordance with A8.

B9   Inspection of goods

The buyer must pay the costs of any pre-shipment inspection except when such inspection is mandated by the authorities of the country of export.

---

7   Refer to Introduction paragraph 14.

FOB

A10 Other obligations

The seller must render the buyer at the latter's request, risk and expense, every assistance in obtaining any documents or equivalent electronic messages (other than those mentioned in A8) issued or transmitted in the country of shipment and/or of origin which the buyer may require for the import of the goods and, where necessary, for their transit through any country.

The seller must provide the buyer, upon request, with the necessary information for procuring insurance.

B10 Other obligations

The buyer must pay all costs and charges incurred in obtaining the documents or equivalent electronic messages mentioned in A10 and reimburse those incurred by the seller in rendering his assistance in accordance therewith.

CFR
COST AND FREIGHT

(... named port of destination)

"Cost and Freight" means that the seller delivers when the goods pass the ship's rail in the port of shipment.

The seller must pay the costs and freight necessary to bring the goods to the named port of destination BUT the risk of loss of or damage to the goods, as well as any additional costs due to events occurring after the time of delivery, are transferred from the seller to the buyer.

The CFR term requires the seller to clear the goods for export.

This term can be used only for sea and inland waterway transport. If the parties do not intend to deliver the goods across the ship's rail, the CPT term should be used.

CFR

A THE SELLER'S OBLIGATIONS

A1 Provision of goods in conformity with the contract

The seller must provide the goods and the commercial invoice, or its equivalent electronic message, in conformity with the contract of sale and any other evidence of conformity which may be required by the contract.

A2 Licences, authorizations and formalities

The seller must obtain at his own risk and expense any export licence or other official authorization and carry out, where applicable[1], all customs formalities necessary for the export of the goods.

A3 Contracts of carriage and insurance

a) Contract of carriage
The seller must contract on usual terms at his own expense for the carriage of the goods to the named port of destination by the usual route in a seagoing vessel (or inland waterway vessel as the case may be) of the type normally used for the transport of goods of the contract description.

b) Contract of insurance
No obligation[2].

A4 Delivery

The seller must deliver the goods on board the vessel at the port of shipment on the date or within the agreed period.

A5 Transfer of risks

The seller must, subject to the provisions of B5, bear all risks of loss of or damage to the goods until such time as they have passed the ship's rail at the port of shipment.

---

1   Refer to Introduction paragraph 14.
2   Refer to Introduction paragraph 10.

B THE BUYER'S OBLIGATIONS

B1 Payment of the price
The buyer must pay the price as provided in the contract of sale.

B2 Licences, authorizations and formalities
The buyer must obtain at his own risk and expense any import licence or other official authorization and carry out, where applicable[3], all customs formalities for the import of the goods and for their transit through any country.

B3 Contracts of carriage and insurance
a) Contract of carriage
No obligation[4].

b) Contract of insurance
No obligation[5].

B4 Taking delivery
The buyer must accept delivery of the goods when they have been delivered in accordance with A4 and receive them from the carrier at the named port of destination.

B5 Transfer of risks
The buyer must bear all risks of loss of or damage to the goods from the time they have passed the ship's rail at the port of shipment.

The buyer must, should he fail to give notice in accordance with B7, bear all risks of loss of or damage to the goods from the agreed date or the expiry date of the period fixed for shipment provided, however, that the goods have been duly appropriated to the contract, that is to say, clearly set aside or otherwise identified as the contract goods.

---

3   Refer to Introduction paragraph 14.
4   Refer to Introduction paragraph 10.
5   Refer to Introduction paragraph 10.

A6 Division of costs

The seller must, subject to the provisions of B6, pay

- all costs relating to the goods until such time as they have been delivered in accordance with A4; and
- the freight and all other costs resulting from A3 a), including the costs of loading the goods on board and any charges for unloading at the agreed port of discharge which were for the seller's account under the contract of carriage; and
- where applicable[6], the costs of customs formalities necessary for export as well as all duties, taxes and other charges payable upon export, and for their transit through any country if they were for the seller's account under the contract of carriage.

A7 Notice to the buyer

The seller must give the buyer sufficient notice that the goods have been delivered in accordance with A4 as well as any other notice required in order to allow the buyer to take measures which are normally necessary to enable him to take the goods.

A8 Proof of delivery, transport document or equivalent electronic message

The seller must at his own expense provide the buyer without delay with the usual transport document for the agreed port of destination.

This document (for example a negotiable bill of lading, a non-negotiable sea waybill or an inland waterway document) must cover the contract goods, be dated within the period agreed for shipment, enable the buyer to claim the goods from the carrier at the port of destination and, unless otherwise agreed, enable the buyer to sell the goods in transit by the transfer of the document to a subsequent buyer (the negotiable bill of lading) or by notification to the carrier.

When such a transport document is issued in several originals, a full set of originals must be presented to the buyer.

Where the seller and the buyer have agreed to communicate electronically, the document referred to in the preceding paragraphs may be replaced by an equivalent electronic data interchange (EDI) message.

---

6   Refer to Introduction paragraph 14.

CFR

B6 Division of costs

The buyer must, subject to the provisions of A3 a), pay

- all costs relating to the goods from the time they have been delivered in accordance with A4; and
- all costs and charges relating to the goods whilst in transit until their arrival at the port of destination, unless such costs and charges were for the seller's account under the contract of carriage; and
- unloading costs including lighterage and wharfage charges, unless such costs and charges were for the seller's account under the contract of carriage; and
- all additional costs incurred if he fails to give notice in accordance with B7, for the goods from the agreed date or the expiry date of the period fixed for shipment, provided, however, that the goods have been duly appropriated to the contract, that is to say, clearly set aside or otherwise identified as the contract goods; and
- where applicable[7], all duties, taxes and other charges as well as the costs of carrying out customs formalities payable upon import of the goods and, where necessary, for their transit through any country unless included within the cost of the contract of carriage.

B7 Notice to the seller

The buyer must, whenever he is entitled to determine the time for shipping the goods and/or the port of destination, give the seller sufficient notice thereof.

B8 Proof of delivery, transport document or equivalent electronic message

The buyer must accept the transport document in accordance with A8 if it is in conformity with the contract.

---

7 Refer to Introduction paragraph 14.

A9 Checking – packaging – marking

The seller must pay the costs of those checking operations (such as checking quality, measuring, weighing, counting) which are necessary for the purpose of delivering the goods in accordance with A4.

The seller must provide at his own expense packaging (unless it is usual for the particular trade to ship the goods of the contract description unpacked) which is required for the transport of the goods arranged by him. Packaging is to be marked appropriately.

A10 Other obligations

The seller must render the buyer at the latter's request, risk and expense, every assistance in obtaining any documents or equivalent electronic messages (other than those mentioned in A8) issued or transmitted in the country of shipment and/or of origin which the buyer may require for the import of the goods and, where necessary, for their transit through any country.

The seller must provide the buyer, upon request, with the necessary information for procuring insurance.

CFR

B9 Inspection of goods

The buyer must pay the costs of any pre-shipment inspection except when such inspection is mandated by the authorities of the country of export.

B10 Other obligations

The buyer must pay all costs and charges incurred in obtaining the documents or equivalent electronic messages mentioned in A10 and reimburse those incurred by the seller in rendering his assistance in accordance therewith.

CIF

COST INSURANCE AND FREIGHT

(... named port of destination)

"Cost, Insurance and Freight" means that the seller delivers when the goods pass the ship's rail in the port of shipment.

The seller must pay the costs and freight necessary to bring the goods to the named port of destination BUT the risk of loss of or damage to the goods, as well as any additional costs due to events occurring after the time of delivery, are transferred from the seller to the buyer. However, in CIF the seller also has to procure marine insurance against the buyer's risk of loss of or damage to the goods during the carriage.

Consequently, the seller contracts for insurance and pays the insurance premium. The buyer should note that under the CIF term the seller is required to obtain insurance only on minimum cover[1]. Should the buyer wish to have the protection of greater cover, he would either need to agree as much expressly with the seller or to make his own extra insurance arrangements.

The CIF term requires the seller to clear the goods for export.

This term can be used only for sea and inland waterway transport. If the parties do not intend to deliver the goods across the ship's rail, the CIP term should be used.

---

1   Refer to Introduction paragraph 9.3.

A THE SELLER'S OBLIGATIONS

A1 Provision of goods in conformity with the contract

The seller must provide the goods and the commercial invoice, or its equivalent electronic message, in conformity with the contract of sale and any other evidence of conformity which may be required by the contract.

A2 Licences, authorizations and formalities

The seller must obtain at his own risk and expense any export licence or other official authorization and carry out, where applicable[2], all customs formalities necessary for the export of the goods.

A3 Contracts of carriage and insurance

a) Contract of carriage

The seller must contract on usual terms at his own expense for the carriage of the goods to the named port of destination by the usual route in a seagoing vessel (or inland waterway vessel as the case may be) of the type normally used for the transport of goods of the contract description.

b) Contract of insurance

The seller must obtain at his own expense cargo insurance as agreed in the contract, such that the buyer, or any other person having an insurable interest in the goods, shall be entitled to claim directly from the insurer and provide the buyer with the insurance policy or other evidence of insurance cover.

The insurance shall be contracted with underwriters or an insurance company of good repute and, failing express agreement to the contrary, be in accordance with minimum cover of the Institute Cargo Clauses (Institute of London Underwriters) or any similar set of clauses. The duration of insurance cover shall be in accordance with B5 and B4. When required by the buyer, the seller shall provide at the buyer's expense war, strikes, riots and civil commotion risk insurances if procurable. The minimum insurance shall cover the price provided in the contract plus ten per cent (i.e. 110%) and shall be provided in the currency of the contract.

A4 Delivery

The seller must deliver the goods on board the vessel at the port of shipment on the date or within the agreed period.

---

2   Refer to Introduction paragraph 14.

B THE BUYER'S OBLIGATIONS

B1 Payment of the price
The buyer must pay the price as provided in the contract of sale.

B2 Licences, authorizations and formalities
The buyer must obtain at his own risk and expense any import licence or other official authorization and carry out, where applicable[3], all customs formalities for the import of the goods and for their transit through any country.

B3 Contracts of carriage and insurance
a) Contract of carriage
No obligation[4].

b) Contract of insurance
No obligation[5].

B4 Taking delivery
The buyer must accept delivery of the goods when they have been delivered in accordance with A4 and receive them from the carrier at the named port of destination.

---

3   Refer to Introduction paragraph 14.
4   Refer to Introduction paragraph 10.
5   Refer to Introduction paragraph 10.

CIF

A5 Transfer of risks

The seller must, subject to the provisions of B5, bear all risks of loss of or damage to the goods until such time as they have passed the ship's rail at the port of shipment.

A6 Division of costs

The seller must, subject to the provisions of B6, pay
- all costs relating to the goods until such time as they have been delivered in accordance with A4; and
- the freight and all other costs resulting from A3 a), including the costs of loading the goods on board; and
- the costs of insurance resulting from A3 b); and
- any charges for unloading at the agreed port of discharge which were for the seller's account under the contract of carriage; and
- where applicable[6], the costs of customs formalities necessary for export as well as all duties, taxes and other charges payable upon export, and for their transit through any country if they were for the seller's account under the contract of carriage.

A7 Notice to the buyer

The seller must give the buyer sufficient notice that the goods have been delivered in accordance with A4 as well as any other notice required in order to allow the buyer to take measures which are normally necessary to enable him to take the goods.

---

6   Refer to Introduction paragraph 14.

CIF

B5 Transfer of risks

The buyer must bear all risks of loss of or damage to the goods from the time they have passed the ship's rail at the port of shipment.

The buyer must, should he fail to give notice in accordance with B7, bear all risks of loss of or damage to the goods from the agreed date or the expiry date of the period fixed for shipment provided, however, that the goods have been duly appropriated to the contract, that is to say, clearly set aside or otherwise identified as the contract goods.

B6 Division of costs

The buyer must, subject to the provisions of A3, pay
- all costs relating to the goods from the time they have been delivered in accordance with A4; and
- all costs and charges relating to the goods whilst in transit until their arrival at the port of destination, unless such costs and charges were for the seller's account under the contract of carriage; and
- unloading costs including lighterage and wharfage charges, unless such costs and charges were for the seller's account under the contract of carriage; and
- all additional costs incurred if he fails to give notice in accordance with B7, for the goods from the agreed date or the expiry date of the period fixed for shipment, provided, however, that the goods have been duly appropriated to the contract, that is to say, clearly set aside or otherwise identified as the contract goods; and
- where applicable[7], all duties, taxes and other charges as well as the costs of carrying out customs formalities payable upon import of the goods and, where necessary, for their transit through any country unless included within the cost of the contract of carriage.

B7 Notice to the seller

The buyer must, whenever he is entitled to determine the time for shipping the goods and/or the port of destination, give the seller sufficient notice thereof.

© 1999 International Chamber of Commerce

7   Refer to Introduction paragraph 14.

A8 **Proof of delivery, transport document or equivalent electronic message**

The seller must, at his own expense, provide the buyer without delay with the usual transport document for the agreed port of destination.

This document (for example a negotiable bill of lading, a non-negotiable sea waybill or an inland waterway document) must cover the contract goods, be dated within the period agreed for shipment, enable the buyer to claim the goods from the carrier at the port of destination and, unless otherwise agreed, enable the buyer to sell the goods in transit by the transfer of the document to a subsequent buyer (the negotiable bill of lading) or by notification to the carrier.

When such a transport document is issued in several originals, a full set of originals must be presented to the buyer.

Where the seller and the buyer have agreed to communicate electronically, the document referred to in the preceding paragraphs may be replaced by an equivalent electronic data interchange (EDI) message.

A9 **Checking – packaging – marking**

The seller must pay the costs of those checking operations (such as checking quality, measuring, weighing, counting) which are necessary for the purpose of delivering the goods in accordance with A4.

The seller must provide at his own expense packaging (unless it is usual for the particular trade to ship the goods of the contract description unpacked) which is required for the transport of the goods arranged by him. Packaging is to be marked appropriately.

A10 **Other obligations**

The seller must render the buyer at the latter's request, risk and expense, every assistance in obtaining any documents or equivalent electronic messages (other than those mentioned in A8) issued or transmitted in the country of shipment and/or of origin which the buyer may require for the import of the goods and, where necessary, for their transit through any country.

The seller must provide the buyer, upon request, with the necessary information for procuring any additional insurance.

B8 Proof of delivery, transport document or equivalent electronic message

The buyer must accept the transport document in accordance with A8 if it is in conformity with the contract.

B9 Inspection of goods

The buyer must pay the costs of any pre-shipment inspection except when such inspection is mandated by the authorities of the country of export.

B10 Other obligations

The buyer must pay all costs and charges incurred in obtaining the documents or equivalent electronic messages mentioned in A10 and reimburse those incurred by the seller in rendering his assistance in accordance therewith.

The buyer must provide the seller, upon request, with the necessary information for procuring insurance.

CPT
CARRIAGE PAID TO
(... named place of destination)

"Carriage paid to..." means that the seller delivers the goods to the carrier nominated by him but the seller must in addition pay the cost of carriage necessary to bring the goods to the named destination. This means that the buyer bears all risks and any other costs occurring after the goods have been so delivered.

"Carrier" means any person who, in a contract of carriage, undertakes to perform or to procure the performance of transport, by rail, road, air, sea, inland waterway or by a combination of such modes.

If subsequent carriers are used for the carriage to the agreed destination, the risk passes when the goods have been delivered to the first carrier.

The CPT term requires the seller to clear the goods for export.

This term may be used irrespective of the mode of transport including multimodal transport.

A THE SELLER'S OBLIGATIONS

A1 Provision of goods in conformity with the contract

The seller must provide the goods and the commercial invoice, or its equivalent electronic message, in conformity with the contract of sale and any other evidence of conformity which may be required by the contract.

A2 Licences, authorizations and formalities

The seller must obtain at his own risk and expense any export licence or other official authorization and carry out, where applicable[1], all customs formalities necessary for the export of the goods.

A3 Contracts of carriage and insurance

a) Contract of carriage

The seller must contract on usual terms at his own expense for the carriage of the goods to the agreed point at the named place of destination by a usual route and in a customary manner. If a point is not agreed or is not determined by practice, the seller may select the point at the named place of destination which best suits his purpose.

b) Contract of insurance
No obligation[2].

A4 Delivery

The seller must deliver the goods to the carrier contracted in accordance with A3 or, if there are subsequent carriers to the first carrier, for transport to the agreed point at the named place on the date or within the agreed period.

A5 Transfer of risks

The seller must, subject to the provisions of B5, bear all risks of loss of or damage to the goods until such time as they have been delivered in accordance with A4.

---

1   Refer to Introduction paragraph 14.
2   Refer to Introduction paragraph 10.

B THE BUYER'S OBLIGATIONS

B1 Payment of the price

The buyer must pay the price as provided in the contract of sale.

B2 Licences, authorizations and formalities

The buyer must obtain at his own risk and expense any import licence or other official authorization and carry out, where applicable[3], all customs formalities for the import of the goods and for their transit through any country.

B3 Contracts of carriage and insurance

a) Contract of carriage
No obligation[4].

b) Contract of insurance
No obligation[5].

B4 Taking delivery

The buyer must accept delivery of the goods when they have been delivered in accordance with A4 and receive them from the carrier at the named place.

B5 Transfer of risks

The buyer must bear all risks of loss of or damage to the goods from the time they have been delivered in accordance with A4.

The buyer must, should he fail to give notice in accordance with B7, bear all risks of the goods from the agreed date or the expiry date of the period fixed for delivery provided, however, that the goods have been duly appropriated to the contract, that is to say, clearly set aside or otherwise identified as the contract goods.

---

3   Refer to Introduction paragraph 14.
4   Refer to Introduction paragraph 10.
5   Refer to Introduction paragraph 10.

A6 Division of costs

The seller must, subject to the provisions of B6, pay

- all costs relating to the goods until such time as they have been delivered in accordance with A4 as well as the freight and all other costs resulting from A3 a), including the costs of loading the goods and any charges for unloading at the place of destination which were for the seller's account under the contract of carriage; and
- where applicable[6], the costs of customs formalities necessary for export as well as all duties, taxes or other charges payable upon export, and for their transit through any country if they were for the seller's account under the contract of carriage.

A7 Notice to the buyer

The seller must give the buyer sufficient notice that the goods have been delivered in accordance with A4 as well as any other notice required in order to allow the buyer to take measures which are normally necessary to enable him to take the goods.

A8 Proof of delivery, transport document or equivalent electronic message

The seller must provide the buyer at the seller's expense, if customary, with the usual transport document or documents (for example a negotiable bill of lading, a non-negotiable sea waybill, an inland waterway document, an air waybill, a railway consignment note, a road consignment note, or a multimodal transport document) for the transport contracted in accordance with A3.

Where the seller and the buyer have agreed to communicate electronically, the document referred to in the preceding paragraph may be replaced by an equivalent electronic data interchange (EDI) message.

---

6   Refer to Introduction paragraph 14.

CPT

B6 Division of costs

The buyer must, subject to the provisions of A3 a), pay

- all costs relating to the goods from the time they have been delivered in accordance with A4; and
- all costs and charges relating to the goods whilst in transit until their arrival at the agreed place of destination, unless such costs and charges were for the seller's account under the contract of carriage; and
- unloading costs unless such costs and charges were for the seller's account under the contract of carriage; and
- all additional costs incurred if he fails to give notice in accordance with B7, for the goods from the agreed date or the expiry date of the period fixed for dispatch, provided, however, that the goods have been duly appropriated to the contract, that is to say, clearly set aside or otherwise identified as the contract goods; and
- where applicable[7], all duties, taxes and other charges as well as the costs of carrying out customs formalities payable upon import of the goods and for their transit through any country unless included within the cost of the contract of carriage.

B7 Notice to the seller

The buyer must, whenever he is entitled to determine the time for dispatching the goods and/or the destination, give the seller sufficient notice thereof.

B8 Proof of delivery, transport document or equivalent electronic message

The buyer must accept the transport document in accordance with A8 if it is in conformity with the contract.

---

7   Refer to Introduction paragraph 14.

CPT

A9 Checking – packaging – marking

The seller must pay the costs of those checking operations (such as checking quality, measuring, weighing, counting) which are necessary for the purpose of delivering the goods in accordance with A4.

The seller must provide at his own expense packaging (unless it is usual for the particular trade to send the goods of the contract description unpacked) which is required for the transport of the goods arranged by him. Packaging is to be marked appropriately.

A10 Other obligations

The seller must render the buyer at the latter's request, risk and expense, every assistance in obtaining any documents or equivalent electronic messages (other than those mentioned in A8) issued or transmitted in the country of dispatch and/or of origin which the buyer may require for the import of the goods and for their transit through any country.

The seller must provide the buyer, upon request, with the necessary information for procuring insurance.

CPT

B9 Inspection of goods

The buyer must pay the costs of any pre-shipment inspection except when such inspection is mandated by the authorities of the country of export.

B10 Other obligations

The buyer must pay all costs and charges incurred in obtaining the documents or equivalent electronic messages mentioned in A10 and reimburse those incurred by the seller in rendering his assistance in accordance therewith.

CIP

CARRIAGE AND INSURANCE PAID TO

(... named place of destination)

"Carriage and Insurance paid to..." means that the seller delivers the goods to the carrier nominated by him, but the seller must in addition pay the cost of carriage necessary to bring the goods to the named destination. This means that the buyer bears all risks and any additional costs occurring after the goods have been so delivered. However, in CIP the seller also has to procure insurance against the buyer's risk of loss of or damage to the goods during the carriage.

Consequently, the seller contracts for insurance and pays the insurance premium.

The buyer should note that under the CIP term the seller is required to obtain insurance only on minimum cover[1]. Should the buyer wish to have the protection of greater cover, he would either need to agree as much expressly with the seller or to make his own extra insurance arrangements.

"Carrier" means any person who, in a contract of carriage, undertakes to perform or to procure the performance of transport, by rail, road, air, sea, inland waterway or by a combination of such modes.

If subsequent carriers are used for the carriage to the agreed destination, the risk passes when the goods have been delivered to the first carrier.

The CIP term requires the seller to clear the goods for export.

This term may be used irrespective of the mode of transport, including multimodal transport.

---

1   Refer to Introduction paragraph 9.3.

A THE SELLER'S OBLIGATIONS

A1 Provision of goods in conformity with the contract

The seller must provide the goods and the commercial invoice, or its equivalent electronic message, in conformity with the contract of sale and any other evidence of conformity which may be required by the contract.

A2 Licences, authorizations and formalities

The seller must obtain at his own risk and expense any export licence or other official authorization and carry out, where applicable[2], all customs formalities necessary for the export of the goods.

A3 Contracts of carriage and insurance

a) Contract of carriage

The seller must contract on usual terms at his own expense for the carriage of the goods to the agreed point at the named place of destination by a usual route and in a customary manner. If a point is not agreed or is not determined by practice, the seller may select the point at the named place of destination which best suits his purpose.

b) Contract of insurance

The seller must obtain at his own expense cargo insurance as agreed in the contract, such that the buyer, or any other person having an insurable interest in the goods, shall be entitled to claim directly from the insurer and provide the buyer with the insurance policy or other evidence of insurance cover.

The insurance shall be contracted with underwriters or an insurance company of good repute and, failing express agreement to the contrary, be in accordance with minimum cover of the Institute Cargo Clauses (Institute of London Underwriters) or any similar set of clauses. The duration of insurance cover shall be in accordance with B5 and B4. When required by the buyer, the seller shall provide at the buyer's expense war, strikes, riots and civil commotion risk insurances if procurable. The minimum insurance shall cover the price provided in the contract plus ten per cent (i.e. 110%) and shall be provided in the currency of the contract.

A4 Delivery

The seller must deliver the goods to the carrier contracted in accordance with A3 or, if there are subsequent carriers to the first carrier, for transport to the agreed point at the named place on the date or within the agreed period.

---

2   Refer to Introduction paragraph 14.

B THE BUYER'S OBLIGATIONS

B1 Payment of the price
The buyer must pay the price as provided in the contract of sale.

B2 Licences, authorizations and formalities
The buyer must obtain at his own risk and expense any import licence or other official authorization and carry out, where applicable[3], all customs formalities for the import of the goods and for their transit through any country.

B3 Contracts of carriage and insurance
a) Contract of carriage
No obligation[4].

b) Contract of insurance
No obligation[5].

B4 Taking delivery
The buyer must accept delivery of the goods when they have been delivered in accordance with A4 and receive them from the carrier at the named place.

---

3 Refer to Introduction paragraph 14.
4 Refer to Introduction paragraph 10.
5 Refer to Introduction paragraph 10.

A5 Transfer of risks

The seller must, subject to the provisions of B5, bear all risks of loss of or damage to the goods until such time as they have been delivered in accordance with A4.

A6 Division of costs

The seller must, subject to the provisions of B6, pay
- all costs relating to the goods until such time as they have been delivered in accordance with A4 as well as the freight and all other costs resulting from A3 a), including the costs of loading the goods and any charges for unloading at the place of destination which were for the seller's account under the contract of carriage; and
- the costs of insurance resulting from A3 b); and
- where applicable[6], the costs of customs formalities necessary for export as well as all duties, taxes or other charges payable upon export, and for their transit through any country if they were for the seller's account under the contract of carriage.

A7 Notice to the buyer

The seller must give the buyer sufficient notice that the goods have been delivered in accordance with A4, as well as any other notice required in order to allow the buyer to take measures which are normally necessary to enable him to take the goods.

---

6   Refer to Introduction paragraph 14.

© 1999 International Chamber of Commerce

B5 Transfer of risks

The buyer must bear all risks of loss of or damage to the goods from the time they have been delivered in accordance with A4.

The buyer must, should he fail to give notice in accordance with B7, bear all risks of the goods from the agreed date or the expiry date of the period fixed for delivery provided, however, that the goods have been duly appropriated to the contract, that is to say, clearly set aside or otherwise identified as the contract goods.

B6 Division of costs

The buyer must, subject to the provisions of A3 a), pay
- all costs relating to the goods from the time they have been delivered in accordance with A4; and
- all costs and charges relating to the goods whilst in transit until their arrival at the agreed place of destination, unless such costs and charges were for the seller's account under the contract of carriage; and
- unloading costs unless such costs and charges were for the seller's account under the contract of carriage; and
- all additional costs incurred if he fails to give notice in accordance with B7, for the goods from the agreed date or the expiry date of the period fixed for dispatch, provided, however, that the goods have been duly appropriated to the contract, that is to say, clearly set aside or otherwise identified as the contract goods; and
- where applicable[7], all duties, taxes and other charges as well as the costs of carrying out customs formalities payable upon import of the goods and for their transit through any country unless included within the cost of the contract of carriage.

B7 Notice to the seller

The buyer must, whenever he is entitled to determine the time for dispatching the goods and/or the destination, give the seller sufficient notice thereof.

---

7   Refer to Introduction paragraph 14.

A8 Proof of delivery, transport document or equivalent electronic message

The seller must provide the buyer at the seller's expense, if customary, with the usual transport document or documents (for example a negotiable bill of lading, a non-negotiable sea waybill, an inland waterway document, an air waybill, a railway consignment note, a road consignment note, or a multimodal transport document) for the transport contracted in accordance with A3.

Where the seller and the buyer have agreed to communicate electronically, the document referred to in the preceding paragraph may be replaced by an equivalent electronic data interchange (EDI) message.

A9 Checking – packaging – marking

The seller must pay the costs of those checking operations (such as checking quality, measuring, weighing, counting) which are necessary for the purpose of delivering the goods in accordance with A4.

The seller must provide at his own expense packaging (unless it is usual for the particular trade to send the goods of the contract description unpacked) which is required for the transport of the goods arranged by him. Packaging is to be marked appropriately.

A10 Other obligations

The seller must render the buyer at the latter's request, risk and expense, every assistance in obtaining any documents or equivalent electronic messages (other than those mentioned in A8) issued or transmitted in the country of dispatch and/or of origin which the buyer may require for the import of the goods and for their transit through any country.

The seller must provide the buyer, upon request, with the necessary information for procuring any additional insurance.

B8 Proof of delivery, transport document or equivalent electronic message

The buyer must accept the transport document in accordance with A8 if it is in conformity with the contract.

B9 Inspection of goods

The buyer must pay the costs of any pre-shipment inspection except when such inspection is mandated by the authorities of the country of export.

B10 Other obligations

The buyer must pay all costs and charges incurred in obtaining the documents or equivalent electronic messages mentioned in A10 and reimburse those incurred by the seller in rendering his assistance in accordance therewith.

The buyer must provide the seller, upon request, with the necessary information for procuring any additional insurance.

DAF
DELIVERED AT FRONTIER
(... named place)

"Delivered at Frontier" means that the seller delivers when the goods are placed at the disposal of the buyer on the arriving means of transport not unloaded, cleared for export, but not cleared for import at the named point and place at the frontier, but before the customs border of the adjoining country. The term "frontier" may be used for any frontier including that of the country of export. Therefore, it is of vital importance that the frontier in question be defined precisely by always naming the point and place in the term.

However, if the parties wish the seller to be responsible for the unloading of the goods from the arriving means of transport and to bear the risks and costs of unloading, this should be made clear by adding explicit wording to this effect in the contract of sale[1].

This term may be used irrespective of the mode of transport when goods are to be delivered at a land frontier. When delivery is to take place in the port of destination, on board a vessel or on the quay (wharf), the DES or DEQ terms should be used.

---

1   Refer to Introduction paragraph 11.

A THE SELLER'S OBLIGATIONS

A1 Provision of goods in conformity with the contract

The seller must provide the goods and the commercial invoice, or its equivalent electronic message, in conformity with the contract of sale and any other evidence of conformity which may be required by the contract.

A2 Licences, authorizations and formalities

The seller must obtain at his own risk and expense any export licence or other official authorization or other document necessary for placing the goods at the buyer's disposal.

The seller must carry out, where applicable[2], all customs formalities necessary for the export of the goods to the named place of delivery at the frontier and for their transit through any country.

A3 Contracts of carriage and insurance

a) Contract of carriage
i) The seller must contract at his own expense for the carriage of the goods to the named point, if any, at the place of delivery at the frontier. If a point at the named place of delivery at the frontier is not agreed or is not determined by practice, the seller may select the point at the named place of delivery which best suits his purpose.
ii) However, if requested by the buyer, the seller may agree to contract on usual terms at the buyer's risk and expense for the on-going carriage of the goods beyond the named place at the frontier to the final destination in the country of import named by the buyer. The seller may decline to make the contract and, if he does, shall promptly notify the buyer accordingly.

b) Contract of insurance
No obligation[3].

A4 Delivery

The seller must place the goods at the disposal of the buyer on the arriving means of transport not unloaded at the named place of delivery at the frontier on the date or within the agreed period.

---

2   Refer to Introduction paragraph 14.
3   Refer to Introduction paragraph 10.

B THE BUYER'S OBLIGATIONS

B1 Payment of the price
The buyer must pay the price as provided in the contract of sale.

B2 Licences, authorizations and formalities
The buyer must obtain at his own risk and expense any import licence or other official authorization or other documents and carry out, where applicable[4], all customs formalities necessary for the import of the goods, and for their subsequent transport.

B3 Contracts of carriage and insurance
a) Contract of carriage
No obligation[5].

b) Contract of insurance
No obligation[6].

B4 Taking delivery
The buyer must take delivery of the goods when they have been delivered in accordance with A4.

---

4   Refer to Introduction paragraph 14.
5   Refer to Introduction paragraph 10.
6   Refer to Introduction paragraph 10.

A5 Transfer of risks

The seller must, subject to the provisions of B5, bear all risks of loss of or damage to the goods until such time as they have been delivered in accordance with A4.

A6 Division of costs

The seller must, subject to the provisions of B6, pay

- in addition to the costs resulting from A3 a), all costs relating to the goods until such time as they have been delivered in accordance with A4; and
- where applicable[7], the costs of customs formalities necessary for export as well as all duties, taxes or other charges payable upon export of the goods and for their transit through any country prior to delivery in accordance with A4.

A7 Notice to the buyer

The seller must give the buyer sufficient notice of the dispatch of the goods to the named place at the frontier as well as any other notice required in order to allow the buyer to take measures which are normally necessary to enable him to take delivery of the goods.

---

7   Refer to Introduction paragraph 14.

DAF

B5 Transfer of risks

The buyer must bear all risks of loss of or damage to the goods from the time they have been delivered in accordance with A4.

The buyer must, should he fail to give notice in accordance with B7, bear all risks of loss of or damage to the goods from the agreed date or the expiry date of the agreed period for delivery provided, however, that the goods have been duly appropriated to the contract, that is to say, clearly set aside or otherwise identified as the contract goods.

B6 Division of costs

The buyer must pay
- all costs relating to the goods from the time they have been delivered in accordance with A4, including the expenses of unloading necessary to take delivery of the goods from the arriving means of transport at the named place of delivery at the frontier; and
- all additional costs incurred if he fails to take delivery of the goods when they have been delivered in accordance with A4, or to give notice in accordance with B7, provided, however, that the goods have been appropriated to the contract, that is to say, clearly set aside or otherwise identified as the contract goods; and
- where applicable[8], the cost of customs formalities as well as all duties, taxes and other charges payable upon import of the goods and for their subsequent transport.

B7 Notice to the seller

The buyer must, whenever he is entitled to determine the time within an agreed period and/or the point of taking delivery at the named place, give the seller sufficient notice thereof.

---

8   Refer to Introduction paragraph 14.

A8 Proof of delivery, transport document or equivalent electronic message

i) The seller must provide the buyer at the seller's expense with the usual document or other evidence of the delivery of the goods at the named place at the frontier in accordance with A3 a) i).

ii) The seller must, should the parties agree on on-going carriage beyond the frontier in accordance with A3 a) ii), provide the buyer at the latter's request, risk and expense, with the through document of transport normally obtained in the country of dispatch covering on usual terms the transport of the goods from the point of dispatch in that country to the place of final destination in the country of import named by the buyer.

Where the seller and the buyer have agreed to communicate electronically, the document referred to in the preceding paragraph may be replaced by an equivalent electronic data interchange (EDI) message.

A9 Checking – packaging – marking

The seller must pay the costs of those checking operations (such as checking quality, measuring, weighing, counting) which are necessary for the purpose of delivering the goods in accordance with A4.

The seller must provide at his own expense packaging (unless it is agreed or usual for the particular trade to deliver the goods of the contract description unpacked) which is required for the delivery of the goods at the frontier and for the subsequent transport to the extent that the circumstances (for example modalities, destination) are made known to the seller before the contract of sale is concluded. Packaging is to be marked appropriately.

A10 Other obligations

The seller must render the buyer at the latter's request, risk and expense, every assistance in obtaining any documents or equivalent electronic messages (other than those mentioned in A8) issued or transmitted in the country of dispatch and/or origin which the buyer may require for the import of the goods and, where necessary, for their transit through any country.

The seller must provide the buyer, upon request, with the necessary information for procuring insurance.

B8 Proof of delivery, transport document or equivalent electronic message

The buyer must accept the transport document and/or other evidence of delivery in accordance with A8.

B9 Inspection of goods

The buyer must pay the costs of any pre-shipment inspection except when such inspection is mandated by the authorities of the country of export.

B10 Other obligations

The buyer must pay all costs and charges incurred in obtaining the documents or equivalent electronic messages mentioned in A10 and reimburse those incurred by the seller in rendering his assistance in accordance therewith.

If necessary, according to A3 a) ii), the buyer must provide the seller at his request and the buyer's risk and expense with the exchange control authorization, permits, other documents or certified copies thereof, or with the address of the final destination of the goods in the country of import for the purpose of obtaining the through document of transport or any other document contemplated in A8 ii).

DES
DELIVERED EX SHIP
(... named port of destination)

"Delivered Ex Ship" means that the seller delivers when the goods are placed at the disposal of the buyer on board the ship not cleared for import at the named port of destination. The seller has to bear all the costs and risks involved in bringing the goods to the named port of destination before discharging. If the parties wish the seller to bear the costs and risks of discharging the goods, then the DEQ term should be used.

This term can be used only when the goods are to be delivered by sea or inland waterway or multimodal transport on a vessel in the port of destination.

A THE SELLER'S OBLIGATIONS

A1 Provision of goods in conformity with the contract

The seller must provide the goods and the commercial invoice, or its equivalent electronic message, in conformity with the contract of sale and any other evidence of conformity which may be required by the contract.

A2 Licences, authorizations and formalities

The seller must obtain at his own risk and expense any export licence or other official authorization or other documents and carry out, where applicable[1], all customs formalities necessary for the export of the goods and for their transit through any country.

A3 Contracts of carriage and insurance

a) Contract of carriage

The seller must contract at his own expense for the carriage of the goods to the named point, if any, at the named port of destination. If a point is not agreed or is not determined by practice, the seller may select the point at the named port of destination which best suits his purpose.

b) Contract of insurance
No obligation[2].

A4 Delivery

The seller must place the goods at the disposal of the buyer on board the vessel at the unloading point referred to in A3 a), in the named port of destination on the date or within the agreed period, in such a way as to enable them to be removed from the vessel by unloading equipment appropriate to the nature of the goods.

A5 Transfer of risks

The seller must, subject to the provisions of B5, bear all risks of loss of or damage to the goods until such time as they have been delivered in accordance with A4.

---

1   Refer to Introduction paragraph 14.
2   Refer to Introduction paragraph 10.

B THE BUYER'S OBLIGATIONS

B1 Payment of the price
The buyer must pay the price as provided in the contract of sale.

B2 Licences, authorizations and formalities
The buyer must obtain at his own risk and expense any import licence or other official authorization and carry out, where applicable[3], all customs formalities necessary for the import of the goods.

B3 Contracts of carriage and insurance
a) Contract of carriage
No obligation[4].

b) Contract of insurance
No obligation[5].

B4 Taking delivery
The buyer must take delivery of the goods when they have been delivered in accordance with A4.

B5 Transfer of risks
The buyer must bear all risks of loss of or damage to the goods from the time they have been delivered in accordance with A4.

The buyer must, should he fail to give notice in accordance with B7, bear all risks of loss of or damage to the goods from the agreed date or the expiry date of the agreed period for delivery provided, however, that the goods have been duly appropriated to the contract, that is to say, clearly set aside or otherwise identified as the contract goods.

---

3   Refer to Introduction paragraph 14.
4   Refer to Introduction paragraph 10.
5   Refer to Introduction paragraph 10.

DES

A6 Division of costs

The seller must, subject to the provisions of B6, pay

- in addition to costs resulting from A3 a), all costs relating to the goods until such time as they have been delivered in accordance with A4; and
- where applicable[6], the costs of customs formalities necessary for export as well as all duties, taxes or other charges payable upon export of the goods and for their transit through any country prior to delivery in accordance with A4.

A7 Notice to the buyer

The seller must give the buyer sufficient notice of the estimated time of arrival of the nominated vessel in accordance with A4 as well as any other notice required in order to allow the buyer to take measures which are normally necessary to enable him to take delivery of the goods.

A8 Proof of delivery, transport document or equivalent electronic message

The seller must provide the buyer at the seller's expense with the delivery order and/or the usual transport document (for example a negotiable bill of lading, a non-negotiable sea waybill, an inland waterway document, or a multimodal transport document) to enable the buyer to claim the goods from the carrier at the port of destination.

Where the seller and the buyer have agreed to communicate electronically, the document referred to in the preceding paragraph may be replaced by an equivalent electronic data interchange (EDI) message.

A9 Checking – packaging – marking

The seller must pay the costs of those checking operations (such as checking quality, measuring, weighing, counting) which are necessary for the purpose of delivering the goods in accordance with A4.

The seller must provide at his own expense packaging (unless it is usual for the particular trade to deliver the goods of the contract description unpacked) which is required for the delivery of the goods. Packaging is to be marked appropriately.

---

6   Refer to Introduction paragraph 14.

DES

B6 Division of costs

The buyer must pay

- all costs relating to the goods from the time they have been delivered in accordance with A4, including the expenses of discharge operations necessary to take delivery of the goods from the vessel; and
- all additional costs incurred if he fails to take delivery of the goods when they have been placed at his disposal in accordance with A4, or to give notice in accordance with B7, provided, however, that the goods have been appropriated to the contract, that is to say, clearly set aside or otherwise identified as the contract goods.
- where applicable[7], the costs of customs formalities as well as all duties, taxes and other charges payable upon import of the goods.

B7 Notice to the seller

The buyer must, whenever he is entitled to determine the time within an agreed period and/or the point of taking delivery in the named port of destination, give the seller sufficient notice thereof.

B8 Proof of delivery, transport document or equivalent electronic message

The buyer must accept the delivery order or the transport document in accordance with A8.

B9 Inspection of goods

The buyer must pay the costs of any pre-shipment inspection except when such inspection is mandated by the authorities of the country of export.

---

7   Refer to Introduction paragraph 14.

DES

A10 Other obligations

The seller must render the buyer at the latter's request, risk and expense, every assistance in obtaining any documents or equivalent electronic messages (other than those mentioned in A8) issued or transmitted in the country of dispatch and/or of origin which the buyer may require for the import of the goods.

The seller must provide the buyer, upon request, with the necessary information for procuring insurance.

B10 Other obligations

The buyer must pay all costs and charges incurred in obtaining the documents or equivalent electronic messages mentioned in A10 and reimburse those incurred by the seller in rendering his assistance in accordance therewith.

DES

DEQ
DELIVERED EX QUAY

(... named port of destination)

"Delivered Ex Quay" means that the seller delivers when the goods are placed at the disposal of the buyer not cleared for import on the quay (wharf) at the named port of destination. The seller has to bear costs and risks involved in bringing the goods to the named port of destination and discharging the goods on the quay (wharf).The DEQ term requires the buyer to clear the goods for import and to pay for all formalities, duties, taxes and other charges upon import.

THIS IS A REVERSAL FROM PREVIOUS INCOTERMS VERSIONS WHICH REQUIRED THE SELLER TO ARRANGE FOR IMPORT CLEARANCE.

If the parties wish to include in the seller's obligations all or part of the costs payable upon import of the goods, this should be made clear by adding explicit wording to this effect in the contract of sale[1].

This term can be used only when the goods are to be delivered by sea or inland waterway or multimodal transport on discharging from a vessel onto the quay (wharf) in the port of destination. However if the parties wish to include in the seller's obligations the risks and costs of the handling of the goods from the quay to another place (warehouse, terminal, transport station, etc.) in or outside the port, the DDU or DDP terms should be used.

© 1999 International Chamber of Commerce

---

1   Refer to Introduction paragraph 11.

A THE SELLER'S OBLIGATIONS

A1 Provision of goods in conformity with the contract

The seller must provide the goods and the commercial invoice, or its equivalent electronic message, in conformity with the contract of sale and any other evidence of conformity which may be required by the contract.

A2 Licences, authorizations and formalities

The seller must obtain at his own risk and expense any export licence or other official authorization or other documents and carry out, where applicable[2], all customs formalities for the export of the goods, and for their transit through any country.

A3 Contracts of carriage and insurance

a) Contract of carriage
The seller must contract at his own expense for the carriage of the goods to the named quay (wharf) at the named port of destination. If a specific quay (wharf) is not agreed or is not determined by practice, the seller may select the quay (wharf) at the named port of destination which best suits his purpose.

b) Contract of insurance
No obligation[3].

A4 Delivery

The seller must place the goods at the disposal of the buyer on the quay (wharf) referred to in A3 a), on the date or within the agreed period.

A5 Transfer of risks

The seller must, subject to the provisions of B5, bear all risks of loss of or damage to the goods until such time as they have been delivered in accordance with A4.

---

2 Refer to Introduction paragraph 14.
3 Refer to Introduction paragraph 10.

B THE BUYER'S OBLIGATIONS

B1 Payment of the price

The buyer must pay the price as provided in the contract of sale.

B2 Licences, authorizations and formalities

The buyer must obtain at his own risk and expense any import licence or official authorization or other documents and carry out, where applicable[4], all customs formalities necessary for the import of the goods.

B3 Contracts of carriage and insurance

a) Contract of carriage
No obligation[5].

b) Contract of insurance
No obligation[6].

B4 Taking delivery

The buyer must take delivery of the goods when they have been delivered in accordance with A4.

B5 Transfer of risks

The buyer must bear all risks of loss of or damage to the goods from the time they have been delivered in accordance with A4.

The buyer must, should he fail to give notice in accordance with B7, bear all risks of loss of or damage to the goods from the agreed date or the expiry date of the agreed period for delivery provided, however, that the goods have been duly appropriated to the contract, that is to say, clearly set aside or otherwise identified as the contract goods.

---

4   Refer to Introduction paragraph 14.
5   Refer to Introduction paragraph 10.
6   Refer to Introduction paragraph 10.

DEQ

A6 Division of costs

The seller must, subject to the provisions of B6, pay
- in addition to costs resulting from A3 a), all costs relating to the goods until such time as they are delivered on the quay (wharf) in accordance with A4; and
- where applicable[7], the costs of customs formalities necessary for export as well as all duties, taxes and other charges payable upon export of the goods and for their transit through any country prior to delivery.

A7 Notice to the buyer

The seller must give the buyer sufficient notice of the estimated time of arrival of the nominated vessel in accordance with A4, as well as any other notice required in order to allow the buyer to take measures which are normally necessary to enable him to take delivery of the goods.

A8 Transport document or equivalent electronic message

The seller must provide the buyer at the seller's expense with the delivery order and/or the usual transport document (for example a negotiable bill of lading, a non-negotiable sea waybill, an inland waterway document or a multimodal transport document) to enable him to take the goods and remove them from the quay (wharf).

Where the seller and the buyer have agreed to communicate electronically, the document referred to in the preceding paragraph may be replaced by an equivalent electronic data interchange (EDI) message.

A9 Checking – packaging – marking

The seller must pay the costs of those checking operations (such as checking quality, measuring, weighing, counting) which are necessary for the purpose of delivering the goods in accordance with A4.

The seller must provide at his own expense packaging (unless it is usual for the particular trade to deliver the goods of the contract description unpacked) which is required for the delivery of the goods. Packaging is to be marked appropriately.

---

7   Refer to Introduction paragraph 14.

B6 Division of costs

The buyer must pay

- all costs relating to the goods from the time they have been delivered in accordance with A4, including any costs of handling the goods in the port for subsequent transport or storage in warehouse or terminal; and
- all additional costs incurred if he fails to take delivery of the goods when they have been placed at his disposal in accordance with A4, or to give notice in accordance with B7, provided, however, that the goods have been appropriated to the contract, that is to say, clearly set aside or otherwise identified as the contract goods; and
- where applicable[8], the cost of customs formalities as well as all duties, taxes and other charges payable upon import of the goods and for their subsequent transport.

B7 Notice to the seller

The buyer must, whenever he is entitled to determine the time within an agreed period and/or the point of taking delivery in the named port of destination, give the seller sufficient notice thereof.

B8 Proof of delivery, transport document or equivalent electronic message

The buyer must accept the delivery order or transport document in accordance with A8.

B9 Inspection of goods

The buyer must pay the costs of any pre-shipment inspection except when such inspection is mandated by the authorities of the country of export.

---

8   Refer to Introduction paragraph 14.

A10 Other obligations

The seller must render the buyer at the latter's request, risk and expense, every assistance in obtaining any documents or equivalent electronic messages (other than those mentioned in A8) issued or transmitted in the country of dispatch and/or origin which the buyer may require for the import of the goods.

The seller must provide the buyer, upon request, with the necessary information for procuring insurance.

B10 Other obligations

The buyer must pay all costs and charges incurred in obtaining the documents or equivalent electronic messages mentioned in A10 and reimburse those incurred by the seller in rendering his assistance in accordance therewith.

DEQ

DDU
DELIVERED DUTY UNPAID
(... named place of destination)

"Delivered duty unpaid" means that the seller delivers the goods to the buyer, not cleared for import, and not unloaded from any arriving means of transport at the named place of destination. The seller has to bear the costs and risks involved in bringing the goods thereto, other than, where applicable[1], any "duty" (which term includes the responsibility for and the risks of the carrying out of customs formalities, and the payment of formalities, customs duties, taxes and other charges) for import in the country of destination. Such "duty" has to be borne by the buyer as well as any costs and risks caused by his failure to clear the goods for import in time.

However, if the parties wish the seller to carry out customs formalities and bear the costs and risks resulting therefrom as well as some of the costs payable upon import of the goods, this should be made clear by adding explicit wording to this effect in the contract of sale[2].

This term may be used irrespective of the mode of transport but when delivery is to take place in the port of destination on board the vessel or on the quay (wharf), the DES or DEQ terms should be used.

---

1   Refer to Introduction paragraph 14.
2   Refer to Introduction paragraph 11.

A THE SELLER'S OBLIGATIONS

A1 Provision of the goods in conformity with the contract

The seller must provide the goods and the commercial invoice, or its equivalent electronic message, in conformity with the contract of sale and any other evidence of conformity which may be required by the contract.

A2 Licences, authorizations and formalities

The seller must obtain at his own risk and expense any export licence and other official authorization or other documents and carry out, where applicable[3], all customs formalities necessary for the export of the goods and for their transit through any country.

A3 Contracts of carriage and insurance

a) Contract of carriage

The seller must contract at his own expense for the carriage of the goods to the named place of destination. If a specific point is not agreed or is not determined by practice, the seller may select the point at the named place of destination which best suits his purpose.

b) Contract of insurance

No obligation[4].

A4 Delivery

The seller must place the goods at the disposal of the buyer, or at that of another person named by the buyer, on any arriving means of transport not unloaded, at the named place of destination on the date or within the period agreed for delivery.

A5 Transfer of risks

The seller must, subject to the provisions of B5, bear all risks of loss of or damage to the goods until such time as they have been delivered in accordance with A4.

---

3 Refer to Introduction paragraph 14.
4 Refer to Introduction paragraph 10.

B THE BUYER'S OBLIGATIONS

B1 Payment of the price

The buyer must pay the price as provided in the contract of sale.

B2 Licences, authorizations and formalities

The buyer must obtain at his own risk and expense any import licence or other official authorization or other documents and carry out, where applicable[5], all customs formalities necessary for the import of the goods.

B3 Contracts of carriage and insurance

a) Contract of carriage
No obligation[6].

b) Contract of insurance
No obligation[7].

B4 Taking delivery

The buyer must take delivery of the goods when they have been delivered in accordance with A4.

B5 Transfer of risks

The buyer must bear all risks of loss of or damage to the goods from the time they have been delivered in accordance with A4.

The buyer must, should he fail to fulfil his obligations in accordance with B2, bear all additional risks of loss of or damage to the goods incurred thereby.

The buyer must, should he fail to give notice in accordance with B7, bear all risks of loss of or damage to the goods from the agreed date or the expiry date of the agreed period for delivery provided, however, that the goods have been duly appropriated to the contract, that is to say, clearly set aside or otherwise identified as the contract goods.

---

5   Refer to Introduction paragraph 14.
6   Refer to Introduction paragraph 10.
7   Refer to Introduction paragraph 10.

A6 Division of costs

The seller must, subject to the provisions of B6, pay

- in addition to costs resulting from A3 a), all costs relating to the goods until such time as they have been delivered in accordance with A4; and
- where applicable[8], the costs of customs formalities necessary for export as well as all duties, taxes and other charges payable upon export and for their transit through any country prior to delivery in accordance with A4.

A7 Notice to the buyer

The seller must give the buyer sufficient notice of the dispatch of the goods as well as any other notice required in order to allow the buyer to take measures which are normally necessary to enable him to take delivery of the goods.

A8 Proof of delivery, transport document or equivalent electronic message

The seller must provide the buyer at the seller's expense the delivery order and/or the usual transport document (for example a negotiable bill of lading, a non-negotiable sea waybill, an inland waterway document, an air waybill, a railway consignment note, a road consignment note, or a multimodal transport document) which the buyer may require to take delivery of the goods in accordance with A4/B4.

Where the seller and the buyer have agreed to communicate electronically, the document referred to in the preceding paragraph may be replaced by an equivalent electronic data interchange (EDI) message.

A9 Checking – packaging – marking

The seller must pay the costs of those checking operations (such as checking quality, measuring, weighing, counting) which are necessary for the purpose of delivering the goods in accordance with A4.

The seller must provide at his own expense packaging (unless it is usual for the particular trade to deliver the goods of the contract description unpacked) which is required for the delivery of the goods. Packaging is to be marked appropriately.

---

8   Refer to Introduction paragraph 14.

B6   Division of costs

The buyer must pay

- all costs relating to the goods from the time they have been delivered in accordance with A4; and
- all additional costs incurred if he fails to fulfil his obligations in accordance with B2, or to give notice in accordance with B7, provided, however, that the goods have been duly appropriated to the contract, that is to say, clearly set aside or otherwise identified as the contract goods; and
- where applicable[9], the costs of customs formalities as well as all duties, taxes and other charges payable upon import of the goods.

B7   Notice to the seller

The buyer must, whenever he is entitled to determine the time within an agreed period and/or the point of taking delivery at the named place, give the seller sufficient notice thereof.

B8   Proof of delivery, transport document or equivalent electronic message

The buyer must accept the appropriate delivery order or transport document in accordance with A8.

B9   Inspection of goods

The buyer must pay the costs of any pre-shipment inspection except when such inspection is mandated by the authorities of the country of export.

---

9   Refer to Introduction paragraph 14.

DDU

A10 Other obligations

The seller must render the buyer at the latter's request, risk and expense, every assistance in obtaining any documents or equivalent electronic messages (other than those mentioned in A8) issued or transmitted in the country of dispatch and/or of origin which the buyer may require for the import of the goods.

The seller must provide the buyer, upon request, with the necessary information for procuring insurance.

B10 Other obligations

The buyer must pay all costs and charges incurred in obtaining the documents or equivalent electronic messages mentioned in A10 and reimburse those incurred by the seller in rendering his assistance in accordance therewith.

DDP

DELIVERED DUTY PAID

(... named place of destination)

"Delivered duty paid" means that the seller delivers the goods to the buyer, cleared for import, and not unloaded from any arriving means of transport at the named place of destination. The seller has to bear all the costs and risks involved in bringing the goods thereto including, where applicable[1], any "duty" (which term includes the responsibility for and the risk of the carrying out of customs formalities and the payment of formalities, customs duties, taxes and other charges) for import in the country of destination.

Whilst the EXW term represents the minimum obligation for the seller, DDP represents the maximum obligation.

This term should not be used if the seller is unable directly or indirectly to obtain the import licence.

However, if the parties wish to exclude from the seller's obligations some of the costs payable upon import of the goods (such as value-added tax: VAT), this should be made clear by adding explicit wording to this effect in the contract of sale[2].

If the parties wish the buyer to bear all risks and costs of the import, the DDU term should be used.

This term may be used irrespective of the mode of transport but when delivery is to take place in the port of destination on board the vessel or on the quay (wharf), the DES or DEQ terms should be used.

---

1   Refer to Introduction paragraph 14.
2   Refer to Introduction paragraph 11.

A THE SELLER'S OBLIGATIONS

A1 Provision of the goods in conformity with the contract

The seller must provide the goods and the commercial invoice, or its equivalent electronic message, in conformity with the contract of sale and any other evidence of conformity which may be required by the contract.

A2 Licences, authorizations and formalities

The seller must obtain at his own risk and expense any export and import licence and other official authorization or other documents and carry out, where applicable[3], all customs formalities necessary for the export of the goods, for their transit through any country and for their import.

A3 Contracts of carriage and insurance

a) Contract of carriage
The seller must contract at his own expense for the carriage of the goods to the named place of destination. If a specific point is not agreed or is not determined by practice, the seller may select the point at the named place of destination which best suits his purpose.

b) Contract of insurance
No obligation[4].

A4 Delivery

The seller must place the goods at the disposal of the buyer, or at that of another person named by the buyer, on any arriving means of transport not unloaded at the named place of destination on the date or within the period agreed for delivery.

A5 Transfer of risks

The seller must, subject to the provisions of B5, bear all risks of loss of or damage to the goods until such time as they have been delivered in accordance with A4.

---

3   Refer to Introduction paragraph 14.
4   Refer to Introduction paragraph 10.

B THE BUYER'S OBLIGATIONS

B1 Payment of the price
The buyer must pay the price as provided in the contract of sale.

B2 Licences, authorizations and formalities
The buyer must render the seller at the latter's request, risk and expense, every assistance in obtaining, where applicable[5], any import licence or other official authorization necessary for the import of the goods.

B3 Contracts of carriage and insurance
a) Contract of carriage
No obligation[6].

b) Contract of insurance
No obligation[7].

B4 Taking delivery
The buyer must take delivery of the goods when they have been delivered in accordance with A4.

B5 Transfer of risks
The buyer must bear all risks of loss of or damage to the goods from the time they have been delivered in accordance with A4.

The buyer must, should he fail to fulfil his obligations in accordance with B2, bear all additional risks of loss of or damage to the goods incurred thereby.

The buyer must, should he fail to give notice in accordance with B7, bear all risks of loss of or damage to the goods from the agreed date or the expiry date of the agreed period for delivery provided, however, that the goods have been duly appropriated to the contract, that is to say, clearly set aside or otherwise identified as the contract goods.

---

5   Refer to Introduction paragraph 14.
6   Refer to Introduction paragraph 10.
7   Refer to Introduction paragraph 10.

DDP

A6 Division of costs

The seller must, subject to the provisions of B6, pay

- in addition to costs resulting from A3 a), all costs relating to the goods until such time as they have been delivered in accordance with A4; and
- where applicable⁸, the costs of customs formalities necessary for export and import as well as all duties, taxes and other charges payable upon export and import of the goods, and for their transit through any country prior to delivery in accordance with A4.

A7 Notice to the buyer

The seller must give the buyer sufficient notice of the dispatch of the goods as well as any other notice required in order to allow the buyer to take measures which are normally necessary to enable him to take delivery of the goods.

A8 Proof of delivery, transport document or equivalent electronic message

The seller must provide the buyer at the seller's expense with the delivery order and/or the usual transport document (for example a negotiable bill of lading, a non-negotiable sea waybill, an inland waterway document, an air waybill, a railway consignment note, a road consignment note, or a multimodal transport document) which the buyer may require to take delivery of the goods in accordance with A4/B4.

Where the seller and the buyer have agreed to communicate electronically, the document referred to in the preceding paragraph may be replaced by an equivalent electronic data interchange (EDI) message.

A9 Checking – packaging – marking

The seller must pay the costs of those checking operations (such as checking quality, measuring, weighing, counting) which are necessary for the purpose of delivering the goods in accordance with A4.

The seller must provide at his own expense packaging (unless it is usual for the particular trade to deliver the goods of the contract description unpacked) which is required for the delivery of the goods. Packaging is to be marked appropriately.

A10 Other obligations

The seller must pay all costs and charges incurred in obtaining the documents or equivalent electronic messages mentioned in B10 and reimburse those incurred by the buyer in rendering his assistance herewith.

The seller must provide the buyer, upon request, with the necessary information for procuring insurance.

---

8   Refer to Introduction paragraph 14.

B6 Division of costs

The buyer must pay
- all costs relating to the goods from the time they have been delivered in accordance with A4; and
- all additional costs incurred if he fails to fulfil his obligations in accordance with B2, or to give notice in accordance with B7, provided, however, that the goods have been duly appropriated to the contract, that is to say, clearly set aside or otherwise identified as the contract goods.

B7 Notice to the seller

The buyer must, whenever he is entitled to determine the time within an agreed period and/or the point of taking delivery at the named place, give the seller sufficient notice thereof.

B8 Proof of delivery, transport document or equivalent electronic message

The buyer must accept the appropriate delivery order or transport document in accordance with A8.

B9 Inspection of goods

The buyer must pay the costs of any pre-shipment inspection except when such inspection is mandated by the authorities of the country of export.

B10 Other obligations

The buyer must render the seller, at the latter's request, risk and expense, every assistance in obtaining any documents or equivalent electronic messages issued or transmitted in the country of import which the seller may require for the purpose of making the goods available to the buyer in accordance therewith.

ACKNOWLEDGEMENTS

Incoterms 2000 is the work of the ICC Working Party on Trade Terms which included:

Per-Erik Abrahamsson *(Sweden)*, Dr Bachir Georges Affaki *(France)*, Laura Altamirano López *(Mexico)*, Domian Andela *(Netherlands)*, Ignacio Arroyo Martínez *(Spain)*, Eduard Arruga I Valeri *(Spain)*,Ted Barassi *(United States)*, Jean Bastin *(Belgium)*, Ray Battersby *(United Kingdom)*, Mohammad Mehdi Behkish *(Islamic Republic of Iran)*, Dr Hayna Bendig-Csanky *(Hungary)*, Tom Birch-Reynardson *(United Kingdom)*, Diederik Bogaerts *(Belgium)*, Prof. Fabio Bortolotti *(Italy)*, Jens Bredow *(Germany)*, Miguel Angel Bustamante Morales *(Mexico)*, Susan M. Carkeet *(United States)*, James B. Clawson *(United States)*, Hervé Cornède *(France)*, David Corney *(United States)*, Léonard Cueva Puertas *(Ecuador)*, Riaan de Lange *(South Africa)*, Robert De Roy *(Belgium)*, Prof. Charles Debattista *(United Kingdom)*, Henri Delsaux *(Belgium)*, Yves Derains *(France)*, G.A. Derkzen *(Netherlands)*, Michael Doyle *(Canada)*, Dr H. Ercüment Erdem *(Turkey)*, J. Roger Erwin *(United States)*, Mauro Ferrante *(Italy)*, Suzanne Foti *(United States)*, Luis Garatea Uskola *(Spain)*, Michel-Jean Gauthier *(France)*, Carine Gelens *(Belgium)*, Jean Guédon *(France)*, Ana Guevara *(United States)*, Dr César Guzmán-Barron Sobrevilla *(Peru)*, Olav Hermansen *(Norway)*, Edward M. Joffe *(United States)*, Kimmo Kahila *(Finland)*, Dr Heinrich Kopecky *(Austria)*, S. Siva Kumar *(India)*, Binay Kumar *(India)*, Hans Leijgraaff *(Netherlands)*, Maître Jean-Pierre Lendais *(France)*, Christian J. Lien *(Norway)*, Maître Didier Matray *(Belgium)*, Prof. Satoshi Niibori *(Japan)*, Donald L. O'Hare *(United States)*, M. Rajaram *(Singapore)*, Prof. Jan Ramberg *(Sweden)*, Philippe Rapatout *(France)*, Asko Räty *(Finland)*, Frank Reynolds *(United States)*, Peter M. Robinson *(United States)*, Dr A.P.J. Ronde *(Netherlands)*, Gisbert Rübekohl *(Germany)*, Maître Jacques Sagot *(France)*, Dr David M. Sassoon (†) *(Israel)*, Joseph Shostak *(Israel)*, Rami Shpayer *(Israel)*, Prof. Dr Kurt Spera *(Austria)*, Robert Steiner *(Austria)*, Carl Ström *(Sweden)*, Diane Struyven *(Belgium)*, Bart Van De Veire *(Belgium)*, Prof. Hans Van Houtte *(Belgium)*, Maître Herman W. Verbist *(Belgium)*, Joseph Vicario *(United States)*, Alexander von Ziegler *(Switzerland)*, Michelle Waddilove *(United Kingdom)*, Donald Alford Weadon Jr *(United States)*, Klaus Bernhard Winkler *(Germany)*, Jan Pieter Witsen Elias *(Netherlands)*, Kenneth N. Wolf, Esq. *(United States)*, Willard A. Workman *(United States)*, Zhang Haifeng *(China)*, Mohammad Saleh Zoghi *(Islamic Republic of Iran)*.

Incoterms 2000

Règles officielles ICC
pour l'interprétation
des termes commerciaux

Entrée en vigueur 1er janvier 2000

Anglais (texte original) / Français (traduction)

PRÉFACE

Par Maria Livanos Cattaui, Secrétaire Général de l'ICC

La globalisation de l'économie donne aux entreprises un accès beaucoup plus large qu'auparavant aux marchés du monde entier. Des marchandises de plus en plus variées sont vendues dans un nombre accru de pays et en quantités plus importantes. Mais, parallèlement à l'augmentation du volume et de la complexité des ventes internationales, croissent également les risques de malentendus et de litiges coûteux lorsque les contrats de vente ne sont pas correctement rédigés.

Les Incoterms, qui sont les règles officielles de l'ICC pour l'interprétation des termes commerciaux, facilitent la gestion du commerce international. Une référence aux Incoterms 2000 dans un contrat de vente assure une définition précise des obligations respectives des parties, ce qui réduit le risque de complications juridiques.

Depuis la parution en 1936 de la première version des Incoterms, l'ICC a régulièrement mis à jour ces normes contractuelles qui sont mondialement acceptées, et ce en fonction de l'évolution du commerce international. Les Incoterms 2000 tiennent compte de l'apparition récente de zones de libre échange, du recours croissant aux communications électroniques à l'occasion de transactions commerciales, et des modifications apportées aux pratiques de transport. Les Incoterms 2000 présentent sous une forme simplifiée et plus claire, les 13 définitions en cause, qui ont toutes été révisées.

La Commission des Pratiques Commerciales Internationales de l'ICC, composée de membres originaires de toutes les régions du monde et représentatifs de tous les secteurs d'activité, a une grande expertise et celle-ci garantit que les Incoterms 2000 répondront aux besoins des entreprises dans tous les pays.

L'ICC tient à exprimer sa reconnaissance aux membres de la Commission que préside le Prof. Fabio Bortolotti (Italie), à ceux du Groupe de Travail sur les Termes commerciaux présidé par le Prof. Jan Ramberg (Suède), ainsi qu'au Groupe de Rédaction composé du Prof. Charles Debattista (Président – Royaume-Uni), de Robert De Roy (Belgique), Philippe Rapatout (France), Jens Bredow (Allemagne) et Frank Reynolds (Etats-Unis).

INTRODUCTION

1. But et portée des Incoterms

Le but des Incoterms est de fournir une série de règles internationales pour l'interprétation des termes commerciaux les plus couramment utilisés en commerce extérieur. Ainsi l'incertitude née d'interprétations différentes de ces termes par les divers pays peut-elle être évitée ou du moins considérablement réduite.

Fréquemment les parties à un contrat ignorent que les pratiques commerciales utilisées dans leurs pays respectifs sont différentes. Cela peut provoquer des malentendus, des litiges et des procès, qui génèrent des pertes de temps et d'argent. Pour remédier à ces problèmes, la Chambre de Commerce Internationale a publié pour la première fois en 1936 une série de règles internationales pour l'interprétation des termes commerciaux. Ces règles sont parues sous le titre « Incoterms 1936 ». Des amendements et des ajouts y furent apportés en 1953, 1967, 1976, 1980, 1990. A la veille de l'an 2000, une nouvelle mise à jour a été entreprise afin d'adapter ces règles aux pratiques commerciales internationales en vigueur.

Soulignons que les Incoterms visent seulement les droits et obligations des parties à un contrat de vente, en ce qui concerne la livraison de la marchandise vendue (marchandises tangibles, à l'exclusion des intangibles comme la fourniture de logiciels).

Deux idées fausses à propos des Incoterms sont très répandues. Tout d'abord, les Incoterms sont entendus très souvent comme s'appliquant au contrat de transport plutôt qu'au contrat de vente. En second lieu, certains pensent, à tort, que les Incoterms définissent toutes les obligations que les parties peuvent vouloir inclure dans un contrat de vente.

Comme l'ICC l'a toujours souligné, les Incoterms portent exclusivement sur les relations entre vendeurs et acheteurs en vertu d'un contrat de vente, et de surcroît uniquement sur certains aspects particuliers de ces relations.

S'il est essentiel pour les exportateurs et les importateurs de prendre en compte les liens dans la pratique entre les différents contrats qui doivent être conclus pour mener à bonne fin une vente internationale – contrat de vente mais aussi contrats de transport, d'assurance et de financement – les Incoterms concernent seulement l'un de ces contrats, à savoir le contrat de vente.

Néanmoins, si les parties sont d'accord pour utiliser un certain Incoterm, cela aura nécessairement des conséquences sur les autres contrats. Par exemple un vendeur qui a accepté de conclure un contrat CFR ou CIF ne peut exécuter ce contrat qu'en acheminant la marchandise par voie maritime, puisqu'en vertu de ces termes il doit présenter à l'acheteur un connaissement ou un autre document maritime, ce qui est impossible en cas de recours à d'autres modes de transport. De plus, le document requis par un crédit documentaire dépendra nécessairement du mode de transport prévu.

En second lieu, les Incoterms portent sur un certain nombre d'obligations bien identifiées qui sont imposées aux parties – par exemple l'obligation pour le vendeur de mettre la marchandise à la disposition de l'acheteur ou de la confier à un transporteur ou encore de la livrer au lieu de destination – ainsi que la répartition des risques entre les parties dans chacun de ces cas.

Par ailleurs, les Incoterms portent sur les obligations relatives au dédouanement de la marchandise à l'exportation et à l'importation, à l'emballage de la marchandise, ainsi que sur l'obligation de l'acheteur de prendre livraison de la marchandise, et sur les preuves à fournir quant à la bonne exécution de ces obligations. Bien que les Incoterms soient d'une extrême importance pour l'exécution du contrat de vente, ils ne visent pas un grand nombre de problèmes que pareil contrat peut poser ; mentionnons à titre d'exemples les problèmes de transfert de propriété et d'autres droits de propriété, les violations du contrat et les conséquences de ces infractions, de même que les exonérations de responsabilité dans certains cas. Soulignons aussi que les Incoterms ne sont pas appelés à se substituer aux termes contractuels qui sont nécessaires pour l'établissement d'un contrat de vente complet par inclusion soit de termes standard, soit de termes individuellement négociés.

En règle générale les Incoterms ne traitent pas des conséquences qu'entrainent les violations des dispositions contractuelles, ni des exonérations de responsabilité motivées par diverses contraintes. Ces questions doivent être réglées par d'autres dispositions du contrat de vente ou sur la base du droit applicable.

Les Incoterms ont toujours été conçus d'abord pour être utilisés dans le cas d'une vente transfrontières de marchandises ; il s'agit donc de termes commerciaux internationaux. Cependant dans la pratique les Incoterms sont parfois inclus dans des contrats pour la vente de marchandises à l'intérieur d'un même marché ; en pareils cas, les clauses A2 et B2 sont bien entendu superflues, de même que toute autre disposition visant l'exportation ou l'importation des marchandises.

2. Pourquoi une révision des Incoterms ?

La principale raison justifiant les mises à jour des Incoterms au fil des années a été la nécessité de les adapter aux pratiques commerciales en vigueur. Ainsi la révision de 1980 avait introduit le terme FCR (devenu FCA) de façon à couvrir les cas fréquents où dans le commerce par voie maritime, l'endroit de livraison n'était plus le traditionnel endroit du FOB (le passage du bastingage du navire), mais plutôt un endroit à terre où la marchandise conteneurisée était stockée avant son chargement sur un navire, pour acheminement ultérieur par mer ou par une combinaison de différents moyens de transports (transport dit combiné ou multimodal).

Plus tard, lors de la préparation des Incoterms 1990, les clauses relatives à l'obligation du vendeur de fournir la preuve de la livraison ont autorisé le remplacement d'un document-papier par un message d'échange de données informatisées (EDI), à condition que les parties soient convenues au préalable de communiquer par voie électronique. Il va sans dire que l'ICC s'est constamment efforcée d'améliorer la rédaction et la présentation des Incoterms afin d'en faciliter l'utilisation dans la pratique.

3. Les Incoterms 2000

Tout au long du processus de révision qui a nécessité près de deux ans de travail, l'ICC n'a négligé aucun effort pour recueillir, sur les projets successifs, les vues et les réactions des milieux d'affaires internationaux qui sont rassemblés dans les différents Comités Nationaux de la Chambre. A cet égard, l'ICC se félicite que la présente mise à jour ait suscité bien plus de commentaires de la part des usagers que ce ne fut le cas lors des précédentes révisions. C'est grâce à ce « dialogue permanent » qu'ont pu être préparés les Incoterms 2000. Comparée aux Incoterms 1990, cette toute dernière édition peut sembler ne comporter que peu de modifications. Cependant les Incoterms bénéficiant aujourd'hui d'une reconnaissance mondiale, l'ICC a tenu à la renforcer en évitant d'apporter des modifications aux règles pour le seul plaisir de ce faire. En revanche, rien n'a été négligé pour s'assurer que la rédaction des Incoterms 2000 reflète avec clarté et exactitude les pratiques commerciales. En outre des amendements de substance ont été apportés sur deux points qui concernent :

■ le dédouanement et les obligations en matière de paiement des droits en vertu des termes FAS et DEQ ; et,

■ les obligations de chargement/déchargement en vertu du terme FCA

Toutes les modifications de forme ou de fond ont donné lieu à une consultation approfondie auprès des usagers des Incoterms ; une attention particulière a été accordée aux questions dont a été saisi depuis 1990 le Panel des Experts sur les Incoterms, constitué pour fournir un service supplémentaire aux utilisateurs des Incoterms.

4. Référence aux Incoterms dans le contrat de vente

En raison des modifications apportées de place en place aux Incoterms, il est important pour les parties désirant incorporer les Incoterms dans leurs contrats de vente de veiller à toujours faire expressément référence à la dernière version en vigueur. Cela peut facilement être perdu de vue, par exemple lorsqu'une référence a été faite à une précédente version dans un formulaire standard de contrat ou dans un formulaire de commande utilisé par des commerçants. Faute de faire référence à la dernière version en vigueur, des discussions peuvent s'ensuivre entre les parties pour déterminer si elles avaient l'intention d'incorporer au contrat cette dernière version ou une version antérieure. Les commerçants qui désirent utiliser les Incoterms 2000 doivent donc clairement indiquer que leur contrat est régi par les « Incoterms 2000 ».

5. La structure des Incoterms

En 1990, pour une meilleure compréhension, les termes furent regroupés en quatre catégories fondamentalement différentes, en commençant par le terme selon lequel le vendeur met seulement la marchandise à la disposition de l'acheteur dans ses propres locaux (le terme « E », EXW), suivi par une seconde famille de termes selon lesquels le vendeur est invité à livrer la marchandise à un transporteur désigné par l'acheteur (les termes « F », FCA, FAS et FOB). Venaient ensuite les termes « C » disposant que le vendeur doit conclure le contrat de transport, mais sans assumer les risques de perte ou de dommage à la marchandise ni les frais supplémentaires dûs à des faits postérieurs à l'embarquement où à l'envoi (CFR, CIF, CPT, CIP), et enfin les termes « D », selon lesquels le vendeur doit assumer tous les coûts et les risques qu'entraîne l'acheminement de la marchandise jusqu'au pays de destination (DAF, DES, DEQ, DDU et DDP). Le tableau ci-après décrit cette classIfication des termes commerciaux.

INCOTERMS 2000

Famille « E » Départ

EXW À l'usine (... lieu convenu)

Famille « F » Transport principal non acquitté

FCA Franco Transporteur
(... lieu convenu)

FAS Franco le long du navire
(...port d'embarquement convenu)

FOB Franco Bord
(... port d'embarquement convenu)

Famille « C » Transport principal acquitté

CFR Coût et Fret
(... port convenu de destination)

CIF Coût, Assurance et Fret
(... port convenu de destination)

CPT Port Payé jusqu'à
(... lieu de destination convenu)

CIP Port Payé, Assurance comprise, jusqu'à
(... lieu de destination convenu)

Famille « D » Arrivée

DAF Rendu Frontière
(... lieu convenu)

DES Rendu Ex Ship
(... port de destination convenu)

DEQ Rendu à Quai
(... port de destination convenu)

DDU Rendu Droits Non Acquittés
(... lieu de destination convenu)

DDP Rendu Droits Acquittés
(... lieu de destination convenu)

En outre, pour tous ces termes et comme dans les Incoterms 1990, les obligations respectives des parties ont été regroupées sous 10 en-têtes dont chacun reflète côté vendeur, la position de l'acheteur sur le même sujet.

6. Terminologie

Au cours de l'élaboration des Incoterms 2000 des efforts considérables ont été faits pour rendre aussi cohérentes que cela a paru possible et souhaitable les différentes expressions utilisées tout au long des treize termes. Ainsi, l'utilisation d'expressions différentes pour rendre une même idée a-t-elle été évitée. De même, chaque fois que possible ont été utilisées les mêmes expressions que celles figurant dans la Convention des Nations Unies sur les contrats de vente internationale de marchandises (1980).

« expéditeur »

Dans certains cas, faute d'une solution alternative adéquate, il a fallu utiliser le même mot pour traduire deux idées différentes. Tous les négociants connaissent bien ce problème qui se pose dans le contexte des contrats de vente mais aussi des contrats de transport. C'est ainsi, par exemple, que le mot « expéditeur » désigne à la fois la personne qui doit remettre la marchandise en vue de son transport et celle qui conclut le contrat avec le transporteur, alors que ces deux « chargeurs » peuvent être des personnes différentes – comme dans un contrat FOB par exemple où le vendeur remettra la marchandise en vue de son transport et l'acheteur conclura le contrat avec le transporteur.

« livraison »

Il est particulièrement important de noter que le mot « livraison » est pris dans deux sens dans les Incoterms. Tout d'abord, il est utilisé pour préciser à quel moment le vendeur aura rempli son obligation de livrer ; cette question est traitée sous la clause A4 de chaque Incoterm 2000. En second lieu le mot « livraison » est utilisé pour ce qui concerne l'obligation de l'acheteur de prendre livraison – ou d'accepter la livraison – de la marchandise, obligation visée sous la clause B4 tout au long des Incoterms 2000. Dans cette dernière acception, le mot « livraison » signifie premièrement que l'acheteur « accepte », conformément à la nature même des termes de la famille « C », que le vendeur a rempli ses obligations dès lors que la marchandise a été expédiée et deuxièmement que l'acheteur est tenu de recevoir la marchandise. Cette dernière obligation est importante pour éviter des frais inutiles de stockage de la marchandise jusqu'au moment où elle aura été prise en charge par l'acheteur. Ainsi dans des contrats CFR et CIF par exemple, l'acheteur est obligé d'accepter la livraison de la marchandise et de réceptionner celle-ci auprès du transporteur. Faute de remplir cette obligation l'acheteur peut devenir redevable du paiement d'indemnités au vendeur qui a conclu le contrat de transport avec le transporteur, ou alternativement l'acheteur pourrait avoir à payer des frais de surestaries à la charge de la marchandise avant de pouvoir obtenir du transporteur la mainlevée sur la marchandise à son profit. Dans ce contexte l'expression « l'acheteur doit accepter la livraison » ne veut pas dire que l'acheteur accepte la marchandise comme conforme au contrat de vente, mais signifie seulement qu'il a accepté que le vendeur a rempli son obligation de remettre la marchandise pour acheminement, conformément au contrat de transport qu'il devait conclure en vertu des clauses A3 a) des termes de la famille « C ». C'est ainsi que si l'acheteur en prenant livraison de la marchandise au lieu de destination devait s'apercevoir qu'elle n'est pas conforme aux dispositions du contrat de vente, il pourrait exercer contre le vendeur tous les recours offerts par le contrat de vente et le droit applicable. Ce sont là – comme souligné plus haut – des problèmes qui sont tout à fait hors du champ des Incoterms.

En tant que de besoin, les Incoterms 2000 utilisent l'expression « mettre la marchandise à la disposition de l'acheteur » lorsque la marchandise est rendue disponible à l'acheteur dans un endroit précis. Cette expression a la même signification que les mots « remise de la marchandise » utilisés dans la Convention des Nations Unies sur les contrats de vente internationale de marchandises (1980).

« usuel / d'usage »

Plusieurs Incoterms comportent ce mot. On le trouve par exemple dans la clause A4 de l'Incoterm EXW pour ce qui concerne le moment de livraison et dans les termes de la famille des « C » pour ce qui concerne les documents que le vendeur a l'obligation de fournir et le contrat de transport qu'il a l'obligation de conclure (A8, A3). Bien évidemment il peut être difficile de donner un sens précis au mot « usuel » ou « d'usage » ; cependant dans bien des cas il est possible d'identifier la pratique habituelle dans une profession donnée, et cette pratique sera alors le fil conducteur. En ce sens, le mot « usuel » ou « d'usage » est plus approprié que le mot « raisonnable », lequel nécessite une évaluation non au regard de la pratique des professionnels mais en tenant compte du principe de bonne foi et d'équité dans les transactions, principe assez délicat à manier. Dans certaines situations, il pourra être nécessaire de prendre une décision quant à ce qui est à considérer comme « raisonnable ». Cependant pour les raisons ci-dessus, dans les Incoterms, on a opté en général pour le mot « usuel » ou « d'usage » plutôt que pour le mot « raisonnable ».

« redevances »

S'agissant de l'obligation de dédouaner la marchandise à l'importation il est important de déterminer ce qu'il faut entendre par « redevances » à payer lors de l'importation de la marchandise. Dans les Incoterms 1990, l'expression « charges officielles exigibles du fait de l'exportation et de l'importation de la marchandise » figurait dans la clause DDP A6. L'expérience a montré que le mot « officielles » suscitait pas mal d'hésitations, s'agissant de déterminer si certaines charges étaient ou non « officielles ». Aussi a-t-on éliminé ce mot dans les Incoterms 2000. Cette élimination n'entraîne aucune modification de fond. Les seules redevances à payer sont celles qui résultent nécessairement de l'importation en tant que telle et qui sont donc à payer conformément aux réglementations d'importation applicables. Toutes les redevances additionnelles perçues par des parties privées à l'occasion de l'importation, par exemple des redevances pour stockage de la marchandise sans rapport avec l'obligation de dédouanement, ne sont pas à inclure parmi les redevances visées sous DDP A6. Cependant l'exécution de cette obligation peut se traduire par certains frais pour les commissionnaires en douanes ou les transitaires si la partie assumant l'obligation ne s'en occupe pas elle-même.

« port », « lieu », « endroit », « locaux »

En ce qui concerne les indications sur l'endroit où la marchandise doit être livrée, nous trouvons différentes expressions dans les Incoterms. Pour les termes exclusivement maritimes – tels que FAS, FOB, CFR, CIF, DES et DEQ – les expressions « port d'expédition » et « port de destination » ont été utilisées. Dans tous les autres cas le mot « lieu » apparaît. Dans quelques occasions il a été jugé nécessaire d'indiquer également un « endroit » au lieu convenu – port ou autre lieu – car il peut être important pour le vendeur de savoir non seulement que la marchandise doit être livrée dans une aire particulière – une ville par exemple – mais également où dans cette ville la marchandise doit être mise à la disposition de l'acheteur. Les contrats de vente peuvent fréquemment être muets sur ce sujet et les Incoterms contiennent donc la stipulation suivante : si aucun endroit n'a été convenu au lieu indiqué, et s'il existe plusieurs endroits possibles, le vendeur peut choisir l'endroit qui lui convient le mieux (voir FCA A4). Quand l'endroit de livraison est l'endroit où le vendeur est domicilié, l'expression « les locaux du vendeur » (FCA A4) a été utilisée.

« bateau » et « navire »

Dans les termes qui doivent être utilisés pour le transport de la marchandise par mer, les expressions « navire » et « bateau » sont utilisées comme synonymes. Inutile de préciser que le mot « navire » devra être utilisé quand il fait partie du terme commercial lui-même comme dans « franco le long du navire » (FAS) ou encore « rendu ex ship » (DES). Egalement, vu l'expression consacrée « passé le bastingage du navire » en liaison avec FOB, le mot « navire » a été utilisé à cette occasion.

« vérification » et « inspection »

Dans les clauses A9 et B9, les titres « vérification, emballage, marquage » et « inspection de la marchandise » ont été respectivement utilisés. Bien que les mots « vérification » et « inspection » puissent être considérés comme synonymes, il a été jugé préférable d'utiliser le premier pour désigner l'obligation de livraison du vendeur conformément à A4 et de réserver le second pour le cas particulier où une « inspection avant expédition » est effectuée, car normalement une telle inspection est requise uniquement quand l'acheteur ou les autorités du pays d'exportation ou du pays d'importation veulent s'assurer avant l'expédition de la marchandise que cette dernière est conforme aux stipulations contractuelles ou officielles.

7. Les obligation de livraison du vendeur

Les Incoterms sont centrés sur l'obligation de livraison du vendeur. La répartition précise des fonctions et des frais relatifs à la livraison de la marchandise par le vendeur ne posera habituellement aucun problème lorsque les parties sont en relations d'affaires suivies, car elles détermineront entre elles la pratique (processus de transaction) à laquelle elles vont se conformer dans leurs relations ultérieures comme elles l'ont fait auparavant. Mais s'il s'agit d'entamer une nouvelle relation commerciale ou si le contrat – comme dans le cas de produits de base – est conclu avec un courtier, il devient nécessaire de se conformer aux clauses du contrat de vente et, chaque fois qu'il y est fait référence aux Incoterms 2000, de se conformer à la répartition des fonctions, des frais et des risques telle qu'indiquée par lesdits Incoterms.

Il aurait été bien entendu très souhaitable que les Incoterms puissent déterminer avec une grande précision les obligations des parties en ce qui concerne la livraison de la marchandise. Par rapport aux Incoterms 1990, de nouveaux efforts ont été faits dans cette direction (voir par exemple FCA A4). Mais il n'a pas été possible d'éviter de faire référence aux usages de la profession dans le FAS et le FOB A4 (« selon les usages du port »), la raison en étant que, particulièrement dans le commerce des pondéreux, les conditions précises à respecter lors de la remise de la marchandise pour embarquement en vertu des contrats FAS et FOB varient selon les différents ports.

8. Le transfert des risques et des coûts relatifs à la marchandise

Le risque de perte ou de dommage à la marchandise, ainsi que l'obligation de supporter les frais relatifs à la marchandise, passe du vendeur à l'acheteur quand le vendeur a accompli son obligation de livrer. Comme l'acheteur ne devrait pas bénéficier de la possibilité de retarder le transfert des risques et des coûts, tous les termes indiquent que le transfert des risques et des coûts peut intervenir même avant la livraison, si l'acheteur ne prend pas livraison comme convenu ou ne donne pas les instructions (en ce qui concerne la date d'expédition et/ou le lieu de livraison) dont le vendeur peut avoir besoin pour remplir ses obligations de livrer la marchandise. Il est nécessaire pour une telle passation prématurée des risques et des coûts que la marchandise ait été identifiée comme destinée à l'acheteur ou, comme il est indiqué dans les termes, mise à part à son intention (appropriation).

Cette exigence est particulièrement importante avec le terme EXW, car avec tous les autres termes la marchandise serait normalement identifiée comme destinée à l'acheteur quand des dispositions ont été prises pour son embarquement ou son expédition (termes « F » et « C ») ou pour sa livraison à destination (termes « D »). Dans des cas exceptionnels, cependant, la marchandise peut avoir été envoyée en vrac par le vendeur sans identification de la quantité destinée à chaque acheteur et, dans ce cas, la passation des risques et des coûts n'intervient pas avant que la marchandise ait été dûment affectée comme indiqué ci-dessus (voir aussi l'article 69-3 de la Convention des Nations Unies sur les contrats de vente internationale de marchandises de 1980).

9. Les termes

9.1 Le terme « E » est celui qui assigne au vendeur une obligation minimale : le vendeur n'a rien à faire de plus que de mettre la marchandise à la disposition de l'acheteur au lieu convenu – généralement dans les locaux même du vendeur. Cependant dans la pratique des affaires, il arrive fréquemment que le vendeur prête assistance à l'acheteur en chargeant la marchandise sur le véhicule de collecte. Bien qu'EXW aurait bien mieux traduit cette situation si les obligations du vendeur avaient été étendues au chargement, il a semblé nécessaire de maintenir le principe traditionnel de l'obligation minimale du vendeur avec l'EXW, de façon à ce que ce terme puisse être utilisé dans les cas où le vendeur ne veut pas assumer une quelconque obligation en ce qui concerne le chargement de la marchandise. Si l'acheteur désire que le vendeur en fasse davantage, cela devra être clairement indiqué dans le contrat de vente.

9.2 En vertu des termes « F » le vendeur doit remettre la marchandise aux fins de son transport, en respectant les instructions de l'acheteur. L'expérience a montré qu'il est difficile de déterminer l'endroit où les parties utilisant le terme FCA entendent que la livraison se fasse, et ce parce que les spécificités des contrats couverts par ce terme varient sensiblement. Ainsi la marchandise peut être chargée sur un véhicule envoyé par l'acheteur pour la prendre dans les locaux du vendeur ; alternativement la marchandise peut devoir être déchargée d'un véhicule envoyé par le vendeur pour assurer la livraison de ladite marchandise à un terminal désigné par l'acheteur. Les Incoterms 2000 tiennent compte de ces différents cas en stipulant que si l'endroit de livraison mentionné dans le contrat se trouve dans les locaux du vendeur, la livraison est dûment effectuée dès lors que la marchandise est chargée sur le véhicule de collecte de l'acheteur ; dans d'autres cas la livraison est dûment effectuée dès lors que la marchandise est mise à la disposition de l'acheteur, non déchargée du véhicule du vendeur. Les variantes mentionnées selon les différents modes de transport en FCA A4 des Incoterms 1990 n'ont pas été reprises dans les Incoterms 2000.

L'endroit de livraison du FOB, qui est le même pour le CFR et le CIF, a été maintenu sans changement dans les Incoterms 2000 et ce à l'issue d'un long débat. Bien qu'avec le FOB la notion de livrer la marchandise « au passage du bastingage » puisse sembler de nos jours inadéquate dans beaucoup de cas, elle est cependant comprise par les commerçants et appliquée d'une manière appropriée aux marchandises et aux installations de chargement disponibles. Il a été considéré qu'un changement de l'endroit de livraison du FOB pourrait entretenir un désarroi superflu, particulièrement en ce qui concerne la vente de matières premières transportées par mer sous charte-partie.

Malheureusement, le terme « FOB » est utilisé par certains commerçants simplement pour indiquer un endroit quelconque de livraison – tel que « FOB fabrique », « FOB usine », « FOB Ex locaux du vendeur » ou autres endroits à terre; les intéressés négligent ainsi la signification de l'abréviation à savoir Franco Bord. Une telle utilisation du FOB entretient la confusion et devrait être évitée.

Un important changement a été apporté au terme FAS. Il est relatif à l'obligation de dédouaner la marchandise à l'exportation, car il est apparu que la pratique la plus répandue était d'imposer au vendeur, et non à l'acheteur, cette obligation. De façon à être sûr que ce changement soit dûment noté, il a été mentionné en lettres capitales dans le chapeau introductif au FAS.

9.3 Les termes « C » imposent au vendeur de conclure à ses propres frais le contrat de transport aux conditions habituelles. En conséquence le point jusqu'auquel il aura à payer les frais de transport devra nécessairement être mentionné à la suite du terme « C ». Avec le CIF et le CIP le vendeur doit également souscrire une assurance et en supporter les frais. Comme l'endroit de répartition des coûts est localisé dans le pays de destination, les termes « C » sont souvent considérés, à tort, comme des contrats à l'arrivée : suivant ceux-ci le vendeur aurait à supporter tous les frais et risques jusqu'à ce que la marchandise soit vraiment arrivée à l'endroit convenu. Il faut cependant insister sur le fait que les termes « C » sont de même nature que les termes « F » en ce sens que le vendeur remplit son contrat dans le pays d'embarquement ou d'expédition. Les contrats de vente avec les termes « C » tout comme les contrats avec les termes « F », appartiennent donc à la catégorie des contrats au départ.

Il est de la nature même des contrats au départ de disposer, d'une part que le vendeur doit payer le coût du transport normal pour l'acheminement de la marchandise par un itinéraire habituel et d'une manière coutumière jusqu'au lieu de destination convenu, d'autre part l'acheteur doit supporter le risque de perte ou de dommage à la marchandise, ainsi que les frais additionnels résultant d'événements intervenant après remise appropriée de la marchandise aux fins de son acheminement. De ce fait, les termes « C » à la différence de tous les autres termes, contiennent deux endroits « critiques » : l'un est l'endroit jusqu'où le vendeur a l'obligation d'assurer l'acheminement de la marchandise en concluant, à ses frais, un contrat de transport et l'autre est relatif à la répartition des risques. Pour cette raison, la plus grande prudence doit être observée quand il s'agit d'imposer au vendeur de nouvelles obligations dans les termes « C » qui iraient au delà du point « critique » déjà mentionné pour la répartition des risques. Il est de l'essence même des termes « C » d'exonérer le vendeur de tous autres risques et coûts dès lors qu'il a dûment rempli son contrat en concluant le contrat de transport, en remettant la marchandise au transporteur et en souscrivant une assurance suivant les termes CIF et CIP.

Que les termes de la famille des « C » visent des contrats d'expédition, cela est aussi démontré par le recours fréquent aux crédits documentaires comme mode de paiement préféré. Lorsque les parties à un contrat de vente conviennent que le vendeur sera payé sur présentation à une banque du document d'expédition convenu en vertu d'un crédit documentaire, il serait tout à fait en contradiciton avec la « vocation » même du crédit documentaire que le vendeur ait à supporter des risques et frais au delà du moment où le paiement est effectué par crédit documentaire ou autrement, une fois la marchandise expédiée. Bien entendu le vendeur devrait supporter tous les frais afférents au contrat de transport, que le fret soit payable au départ au moment de l'expédition ou payable à destination (fret payable à l'arrivée). Cependant les frais additionnels liés à des événements intervenant postérieurement à l'embarquement et à l'acheminement sont obligatoirement à la charge de l'acheteur.

Si le vendeur doit fournir un contrat de transport nécessitant le paiement de droits, taxes et autres redevances, ces frais seront bien entendu à la charge du vendeur pour autant qu'ils soient pour son compte en vertu du contrat. Ce point est explicitement indiqué dans la clause A 6 de tous les termes « C ».

S'il est dans les usages de fournir plusieurs contrats de transport impliquant le transbordement de la marchandise en des lieux intermédiaires avant l'arrivée à la destination convenue, le vendeur aura à payer tous ces frais y compris ceux encourus par la marchandise au cours de son transbordement d'un moyen de transport dans un autre. Si toutefois le transporteur exerce les droits que lui donne une clause de transbordement, ou une clause similaire, pour éviter des obstacles inattendus (tels que glace, encombrement, mouvements sociaux, ordres du gouvernement, opérations de guerre ou assimilées) tous les frais additionnels qui en découlent seront à porter au compte de l'acheteur, puisque l'obligation du vendeur est limitée à l'obtention du contrat de transport usuel.

Il arrive assez souvent que les parties à un contrat de vente désirent préciser dans quelle mesure le vendeur devra obtenir un contrat de transport incluant les frais de déchargement. Comme ces frais sont habituellement compris dans le fret quand la marchandise est transportée par des lignes de navigation régulières, le contrat de vente stipulera fréquemment que la marchandise devra être transportée de cette façon ou au moins qu'elle devra être transportée conformément aux « conditions de la ligne ». Dans d'autres cas le mot « débarqué » est ajouté après CFR ou CIF. Néanmoins, il est recommandé de ne pas ajouter des abréviations aux termes « C » à moins que, dans le secteur d'activité en question, la signification des abréviations soit clairement comprise et acceptée par les parties au contrat ou reconnue par toute loi applicable ou par les usages commerciaux.

En particulier, le vendeur ne devrait pas – et en vérité ne pourrait pas – sans changer la nature même des termes « C » assumer une quelconque obligation relative à l'arrivée de la marchandise à destination, puisque le risque de tout retard en cours de transport est à la charge de l'acheteur. Donc, toute obligation relative aux délais doit nécessairerment comporter une référence au lieu d'embarquement ou d'expédition, par exemple « embarquement (expédition) au plus tard le ... ». Un accord tel que « CFR Hambourg au plus tard le ... » est vraiment inadéquat et donc laisse place à la possibilité d'interprétations différentes. Il pourrait être considéré que les parties à pareil accord ont voulu soit que la marchandise arrive effectivement à Hambourg à une date déterminée – et dans ce cas le contrat n'est pas un contrat au départ mais un contrat à l'arrivée – soit alternativement que le vendeur ait l'obligation d'embarquer la marchandise à une date telle qu'elle arrive normalement à Hambourg avant la date indiquée, à moins que l'acheminement n'ait été retardé par des événements imprévisibles.

Il peut arriver que, dans le commerce des matières premières, la marchandise soit achetée alors qu'elle est en cours de transport par voie maritime et qu'en pareil cas, le mot « à flot » soit ajouté au terme commercial. Comme le risque de perte ou de dommage à la marchandise, selon les termes CFR et CIF, serait alors transmis du vendeur à l'acheteur, il pourrait y avoir des difficultés d'interprétation. Une possibilité serait de maintenir la signification usuelle des termes CFR et CIF quant à la répartition des risques entre acheteur et vendeur, à savoir que le transfert du risque a lieu lors de l'expédition ; il s'ensuivrait que l'acheteur pourrait avoir à assumer les conséquences d'évènements déjà survenus au moment de l'entrée en vigueur du contrat de vente. Une autre possibilité serait de faire coïncider le transfert du risque et le moment de la conclusion du contrat de vente. La première possibilité pourrait être la plus pratique, car il est d'habitude impossible de vérifier l'état de la marchandise en cours de transport. C'est pourquoi la Convention des Nations Unies de 1980 sur les contrats de vente internationale de marchandises stipule dans son article 68 que « si les circonstances l'impliquent, les risques sont à la charge de l'acheteur à compter du moment où les marchandises ont été remises au transporteur qui a émis les documents constatant le contrat de transport ». Il existe néanmoins une exception à cette règle « si le vendeur avait connaissance ou aurait dû avoir connaissance du fait que les marchandises avaient péri ou avaient été détériorées et qu'il n'en a pas informé l'acheteur ». Ainsi l'interprétation du terme CFR ou CIF auquel est ajouté le mot « à flot » dépendra de la loi applicable au contrat de vente. Il est conseillé aux parties de vérifier quel est le droit applicable et quelle est la solution qui peut en découler. En cas de doute il est recommandé aux parties de préciser ce point dans leur contrat.

Dans la pratique, il arrive souvent que les parties continuent à utiliser l'expression traditionnelle C&F (ou C et F, C+F). Toutefois dans la majorité des cas il apparaît qu'elles considèrent ces expressions comme des équivalents de CFR. De façon à éviter les difficultés d'interprétation du contrat, les parties devraient utiliser l'Incoterm correct à savoir CFR qui est la seule abréviation standard mondialement acceptée du terme « Coût et Fret » (....port de destination convenu).

CFR et CIF dans la clause A8 des Incoterms 1990 obligeaient le vendeur à fournir une copie du contrat de charte-partie chaque fois que le document de transport (habituellement le connaissement) contenait une référence à une charte-partie souvent rédigée comme suit « tous autres termes et conditions conformément à la charte-partie ». Bien que, naturellement, une partie à un contrat devrait toujours être pleinement informée de tous les termes de son contrat – de préférence au moment de la conclusion dudit contrat – il apparaît que la pratique de fournir la charte-partie comme indiqué plus haut a créé des problèmes, particulièrement dans le cas de transactions par crédit documentaire. L'obligation du vendeur avec CFR et CIF de fournir une copie de la charte-partie en même temps que les autres documents de transport a été supprimée dans les Incoterms 2000.

Bien que les clauses A8 des Incoterms prévoient que le vendeur doit fournir à l'acheteur une « preuve de la livraison », insistons sur le fait que le vendeur respecte cette exigence en fournissant la preuve « habituelle ». Avec les termes CPT et CIP ce sera « le document de transport habituel » et avec le CFR et le CIF un connaissement ou une lettre de transport maritime. Les documents de transport doivent être « sans réserve » ce qui veut dire qu'ils ne doivent pas contenir de clauses ou d'annotations constatant expressément l'état défectueux de la marchandise et/ou de l'emballage. Si de telles clauses ou annotations apparaissent sur un document, il est considéré comme « avec réserves » et ne sera pas en conséquence accepté par les banques dans les transactions par crédit documentaire.

Toutefois, il est bon de noter qu'un document de transport exempt de telles clauses ou annotations ne suffira pas pour donner à l'acheteur la preuve irréfragable – à l'égard du transporteur – que la marchandise est conforme aux stipulations du contrat de vente. Habituellement le transporteur, dans un texte standardisé inscrit au recto du document de transport, refusera d'accepter toute responsabilité pour la description de la marchandise, en indiquant que les détails inscrits sur le document de transport sont tels que déclarés par le vendeur, et donc que ces informations sont seulement « supposées être » comme indiqué sur le document. Conformément à la plupart des lois et principes applicables, le transporteur doit au moins prendre des dispositions raisonnables pour vérifier la véracité des informations, faute de quoi il peut être reconnu comme responsable vis-à-vis du destinataire. Dans le transport conteneurisé toutefois, les moyens de vérification du transporteur sont inexistants sauf s'il a été rendu lui-même responsable de l'arrimage du conteneur.

Deux termes seulement traitent d'assurance, à savoir CIF et CIP. Selon ces termes le vendeur est obligé de souscrire une assurance au bénéfice de l'acheteur. Dans les autres cas, il appartient aux parties elles-mêmes de décider si elles désirent une couverture d'assurance à leur profit et quelle sera son étendue. De toute façon le vendeur ayant à souscrire une assurance au bénéfice de l'acheteur peut avoir des difficultés à connaître les exigences précises de l'acheteur. Conformément aux clauses sur facultés de l'Institute of London Underwriters (I.L.U.), il est possible de souscrire une « couverture minimale » d'assurance avec la clause C, une « couverture moyenne » avec la Clause B et « la couverture la plus large » avec la Clause A. Etant donné que dans le cas d'une vente de matières premières avec le terme CIF l'acheteur peut désirer vendre la marchandise en transit à un autre acheteur qui, à son tour, peut souhaiter la revendre, il est impossible de connaître la couverture d'assurance qui conviendra à ces acheteurs successifs. En conséquence, avec le terme CIF une couverture minimale a été habituellement choisie laissant la possibilité à l'acheteur de réclamer au vendeur une assurance complémentaire. Une couverture minimale est cependant inadéquate pour la vente de produits finis pour lesquels le risque de vol, de chapardage ou d'une manipulation hasardeuse de la marchandise justifierait plus que la « couverture minimale » de la Clause C. Comme le CIP, contrairement au CIF, n'est pas utilisé normalement pour la vente de matières premières, il aurait été possible d'adopter la couverture la plus étendue avec le CIP plutôt que la couverture minimale du CIF. Mais le fait de faire varier les obligations d'assurance du vendeur selon le CIF et le CIP aurait prêté à confusion et, en conséquence, les deux termes limitent l'obligation d'assurance du vendeur à la couverture minimale. Il est particulièrement important pour l'acheteur CIP de prendre bonne note qu'au cas où une assurance complémentaire est requise, il devra convenir avec le vendeur que celui-ci se charge de l'obtenir ; alternativement l'acheteur devra lui-même se procurer pareille assurance. Dans certains cas particuliers l'acheteur peut souhaiter être encore mieux protégé que par la Clause A de l'Institute of London Underwriters (I.L.U.) en souscrivant une assurance contre, par exemple, les risques de guerre, émeutes, grèves ou autres mouvements sociaux. S'il souhaite que le vendeur souscrive une telle assurance, l'acheteur doit lui donner les instructions voulues et le vendeur doit se la procurer dans toute la mesure du possible.

9.4   Les termes « D » sont d'une autre nature que les termes « C ». En effet, avec les termes « D », le vendeur est responsable de l'arrivée de la marchandise jusqu'au lieu ou à l'endroit de destination convenu à la frontière ou **dans le pays d'importation**. Le vendeur doit supporter tous les risques et les frais pour acheminer la marchandise jusqu'à ce lieu/endroit. Ainsi les termes « D » désignent-ils des **contrats à l'arrivée**, tandis que les termes « C » sont des **contrats au départ**.

En vertu des termes « D » et à l'exception du terme DDP, le vendeur n'a pas l'obligation de livrer la marchandise dédouanée à l'importation dans le **pays de destination**.

Traditionnellement, le vendeur avait l'obligation, en vertu du terme DEQ, de dédouaner la marchandise à l'importation, puisque la marchandise devait être mise sur le quai et entrer ainsi dans le pays d'importation. Cependant, en raison des modifications apportées par la plupart des pays aux procédures de dédouanement, il est aujourd'hui plus approprié de charger la partie domiciliée dans le pays concerné d'effectuer le dédouanement et le paiement des droits et autres redevances. C'est pourquoi le terme DEQ a été modifié pour la même raison que la modification apportée à FAS et mentionnée plus haut. Comme pour le terme FAS, la modification apportée à DEQ a été signalée en lettres majuscules dans le préambule de ce terme.

Il est apparu que, dans de nombreux pays, des termes commerciaux ne figurant pas parmi les Incoterms sont utilisés, particulièrement dans le trafic routier (« franco border », « franco-frontière », « Frei Gränze »). Cependant, avec ces termes, il n'est normalement pas prévu que le vendeur assume les risques de perte ou de dommage que peut courir la marchandise pendant son transport jusqu'à la frontière. Il serait préférable en pareils cas d'utiliser le terme CPT indiquant la frontière. Si les parties souhaitent que le vendeur assume les risques durant le transport de la marchandise, l'emploi du terme DAF avec indication de la frontière serait approprié.

Le terme DDU a été ajouté dans la version 1990 des Incoterms. Ce terme a un rôle important dans tous les cas où le vendeur est disposé à livrer la marchandise dans le pays de destination, sans la dédouaner pour l'importation et sans payer les droits. Dans les pays où le dédouanement à l'importation peut être difficile et exiger beaucoup de temps, il peut être risqué pour le vendeur d'assumer une obligation de livrer la marchandise au-delà du point de dédouanement. Bien qu'en vertu du terme DDU B5 et B6 l'acheteur ait à supporter les risques et coûts additionnels qui pourraient découler du fait qu'il n'a pas rempli son obligation de dédouaner la marchandise à l'importation, il est conseillé au vendeur de ne pas utiliser le terme DDU dans les pays où l'on peut s'attendre à des difficultés lors du dédouanement de la marchandise à l'importation.

10. De l'expression « Aucune obligation »

Ainsi qu'il ressort de l'emploi des expressions « le vendeur doit » et « l'acheteur doit », les Incoterms visent seulement les obligations réciproques des parties. L'expression « aucune obligation » a donc été insérée chaque fois qu'une partie n'a aucune obligation à assumer à l'égard de l'autre partie. En conséquence si, par exemple, en vertu des dispositions A3 d'un terme donné le vendeur doit conclure le contrat de transport et en payer les frais, l'expression « aucune obligation » apparaît sous le libellé « contrat de transport » à la rubrique B3 précisant la position de l'acheteur. Par ailleurs, les mots « aucune obligation » peuvent bien apparaître dans les clauses visant les deux parties, par exemple pour ce qui concerne l'assurance : cela signifie que ni l'une ni l'autre partie n'a une quelconque obligation à l'égard de son co-contractant.

Dans les deux cas, il est important de noter que même si une partie n'a aucune obligation à l'égard de l'autre partie d'accomplir une tâche donnée, cela ne veut pas dire qu'il ne soit pas dans son propre intérêt de s'en charger. Ainsi, par exemple, bien que l'acheteur CFR n'ait aucune obligation à l'égard de son vendeur de conclure un contrat d'assurance comme visé dans la clause B4, il est bien évidemment de l'intérêt de l'acheteur de passer un tel contrat, puisque le vendeur selon A4 n'a aucune obligation d'obtenir une couverture d'assurance.

11. Variantes des Incoterms

En pratique, il arrive souvent que les parties elles-mêmes, en ajoutant certains mots à un Incoterm, cherchent à rendre le contenu de ce terme plus précis. Soulignons que les Incoterms ne donnent aucun conseil quant à des ajouts de ce type. Ainsi, si les parties ne peuvent se fonder sur une pratique bien établie dans une profession donnée pour interpréter pareils ajouts, elles peuvent rencontrer des problèmes sérieux dans les cas où il est impossible de prouver que ces ajouts sont compris partout de la même façon.

Si, par exemple, les expressions courantes « FOB arrimé » ou « EXW chargé » sont utilisées, il est impossible de parvenir à faire admettre au plan mondial que les obligations du vendeur sont accrues non seulement en ce qui concerne les frais du chargement matériel de la marchandise sur le navire ou sur le véhicule, mais aussi pour ce qui est des risques de pertes ou de dommages fortuits que peut courir la marchandise pendant l'arrimage et le chargement. C'est pourquoi il est vivement conseillé aux parties de préciser si elles entendent seulement que l'opération d'arrimage et de chargement et son coût incombent au vendeur, ou si ce dernier doit aussi supporter les risques jusqu'à ce que les opérations d'arrimage et de chargement aient été menées à bonne fin. Ce sont là des questions pour lesquelles les Incoterms ne fournissent pas de réponse : en conséquence si le contrat ne précise pas expressément les intentions des parties, celles-ci peuvent être exposées à bien des difficultés inutiles ainsi qu'à des dépenses supplémentaires.

Bien que les Incoterms 2000 ne couvrent pas les nombreuses variantes qui sont communément utilisées, les préambules de certains termes commerciaux signalent aux parties que des dispositions contractuelles spécifiques doivent être prévues si elles souhaitent s'engager au-delà des stipulations des Incoterms.

EXW   L'obligation additionnelle pour le vendeur de charger la marchandise sur le véhicule d'enlèvement de l'acheteur ;

CIF/CIP   Le besoin de l'acheteur d'obtenir une assurance additionnelle ;

DEQ   L'obligation additionnelle pour le vendeur de supporter des coûts postérieurement au déchargement.

Dans quelques cas les vendeurs et les acheteurs se réfèrent aux pratiques commerciales dans le trafic de ligne et le trafic par charte-partie. Il est alors nécessaire de distinguer nettement d'une part les obligations des parties aux termes du contrat de transport et d'autre part leurs obligations réciproques aux termes du contrat de vente. Malheureusement il n'existe pas de définitions autorisées pour des expressions telles que « liner terms » et « terminal handling charges » (THC). La répartition des frais en vertu de ces termes peut varier selon les lieux et être modifiée de temps en temps. Il est recommandé aux parties de bien préciser dans le contrat de vente comment elles entendent répartir ces frais entre elles.

Des expressions fréquemment utilisées dans les charte-parties, par exemple « FOB arrimé », « FOB arrimé et saisi », se rencontrent parfois dans les contrats de vente, afin de préciser dans quelle mesure le vendeur doit, en vertu du terme FOB, se charger de l'arrimage et du saisissage à bord du navire. Lorsque ces expressions sont ajoutées, il faut préciser dans le contrat de vente si les obligations additionnelles visent seulement les frais ou à la fois les frais et les risques.

Comme dit plus haut, aucun effort n'a été épargné pour s'assurer que les Incoterms reflètent les pratiques commerciales les plus usuelles.

Cependant, dans quelques cas – particulièrement lorsque les Incoterms 2000 diffèrent des Incoterms 1990 – les parties peuvent souhaiter que les termes commerciaux soient appliqués différemment. Nous rappelons que ces options sont signalées dans les préambules aux termes par l'emploi du mot « cependant ».

12. Usages du port ou d'une profession donnée

Comme les Incoterms sont destinés à être utilisés par différentes professions et dans diverses régions, il est impossible de décrire avec précision dans tous les cas les obligations des parties. Dans une certaine mesure, il est donc nécessaire de se référer aux usagers du port ou d'une profession donnée ou encore aux pratiques que les parties elles-mêmes peuvent avoir établies lors de leurs relations d'affaires antérieures (voir article 9 de la Convention des Nations Unies sur les contrats de vente internationale de marchandises de 1980). Il est évidemment souhaitable que vendeurs et acheteurs se tiennent dûment informés de ces usages lorsqu'ils négocient leurs contrats ; en cas d'incertitudes ils devraient préciser leurs positions juridiques en insérant des dispositions appropriées dans leurs contrats de vente. Pareilles dispositions spéciales dans un contrat individuel l'emporteraient sur – ou modifieraient – toute clause présentée comme règle d'interprétation dans les différents Incoterms.

13. Les options de l'acheteur quant au lieu d'expédition

Dans certaines circonstances, il peut être impossible au moment où le contrat de vente est conclu de fixer avec précision l'endroit exact, voire le lieu, où la marchandise doit être livrée par le vendeur aux fins de son acheminement. Par exemple, il se pourrait qu'à ce moment référence soit seulement faite à un « périmètre » ou à un lieu relativement étendu, par exemple un port maritime ; il est alors généralement stipulé que l'acheteur peut avoir le droit ou l'obligation d'indiquer ultérieurement un endroit précis à l'intérieur du périmètre ou du lieu en cause. Si l'acheteur a l'obligation d'indiquer un endroit précis comme dit ci-dessus et qu'il ne le fait pas, il peut en résulter pour lui l'obligation de supporter les risques et frais additionnels liés à cette défaillance (B5/B7 de tous les termes). En outre, faute pour l'acheteur de faire usage de son droit d'indiquer l'endroit ci-dessus, le vendeur peut être en droit de choisir l'endroit qui lui convient le mieux (FCA A4).

14. Dédouanement

Le terme « dédouanement » a donné lieu à des malentendus. C'est pourquoi chaque fois qu'il est fait référence à une obligation du vendeur ou de l'acheteur d'assumer des obligations liées au passage de la marchandise à la frontière du pays d'exportation ou d'importation, il est maintenant précisé que cette obligation ne couvre pas seulement le paiement des droits et autres redevances mais aussi l'accomplissement et le paiement de toutes les formalités administratives liées à la présentation de la marchandise à la douane, ainsi que les informations à donner en la matière aux autorités douanières. De plus, certains ont considéré comme inapproprié – et ce bien à tort – d'utiliser des termes visant l'obligation de dédouaner la marchandise lorsque – comme c'est le cas dans les échanges entre Etats membres de l'Union Européenne ou d'autres zones de libre échange – il n'y a plus désormais aucune obligation de payer des droits ni aucune restriction à l'importation ou à l'exportation. Afin de clarifier la situation, les mots **« le cas échéant »** ont été ajoutés dans les clauses A2 et B2, A6 et B6 des Incoterms appropriés ; cela devrait permettre d'utiliser ces Incoterms sans aucune ambiguïté, là où aucune formalité douanière n'est requise.

En général, il est souhaitable que le dédouanement soit accompli par la partie domiciliée dans le pays où ce dédouanement doit intervenir, ou à tout le moins par un tiers agissant pour le compte de cette partie. Ainsi, c'est l'exportateur qui devrait normalement dédouaner la marchandise pour l'exportation, tandis que c'est l'importateur qui devrait la dédouaner à l'importation.

Les Incoterms 1990 s'écartaient de ce principe avec les termes EXW, FAS (obligation de dédouaner à l'exportation imposée à l'acheteur) et DEQ (obligation de dédouaner à l'importation imposée au vendeur). En revanche, dans les Incoterms 2000, les termes FAS et DEQ imposent respectivement au vendeur l'obligation de dédouaner la marchandise à l'exportation et à l'acheteur celle de dédouaner à l'importation ; le terme EXW par contre – qui définit les obligations minimales du vendeur – n'a pas été amendé (obligation pour l'acheteur d'effectuer le dédouanement à l'exportation). En vertu du terme DDP, le vendeur accepte explicitement de faire ce qui découle du titre même du terme « Rendu Droits Acquittés », c'est-à-dire de dédouaner la marchandise à l'importation et de payer en conséquence tous droits afférents à ce dédouanement.

15. Emballage

Dans la plupart des cas, les parties sauront à l'avance quel emballage est nécessaire pour transporter la marchandise en toute sécurité jusqu'à la destination prévue. Cependant, puisque l'obligation du vendeur d'emballer la marchandise peut varier suivant le moyen de transport et la durée du transport envisagé, il a été jugé nécessaire de stipuler que le vendeur doit emballer la marchandise de façon appropriée pour le transport, mais seulement pour autant que les modalités du transport lui ont été indiquées avant la conclusion du contrat de vente (voir les articles 35.1 et 35.2.b de la Convention des Nations Unies sur les contrats de vente internationale de marchandises de 1980, qui disposent que la marchandise et son emballage doivent être « propres à tout usage spécial qui a été porté expressément ou tacitement à la connaissance du vendeur au moment de la conclusion du contrat, sauf s'il résulte des circonstances que l'acheteur ne s'en est pas remis à la compétence ou à l'appréciation du vendeur ou qu'il n'était pas raisonnable de sa part de le faire »).

16. Inspection des marchandises

Très souvent, l'acheteur sera bien avisé de prendre les dispositions voulues pour faire effectuer l'inspection de la marchandise avant sa remise – ou au moment de sa remise – par le vendeur aux fins de son transport (procédure dite de l'inspection avant expédition – IAE). Sauf dispositions contraires dans le contrat, l'acheteur aura à payer lui-même les frais de pareille inspection qui est organisée dans son propre intérêt. Toutefois, si l'inspection a été effectuée afin de permettre au vendeur de respecter toutes les règles impératives en vigueur dans son propre pays pour l'exportation de la marchandise, c'est le vendeur qui aura à payer les frais de l'inspection, sauf si le terme EXW est utilisé auquel cas les frais de pareille inspection seront à la charge de l'acheteur.

17. Mode de transport et Incoterm 2000 approprié

Tout mode de transport

Groupe E

EXW À l'Usine (... lieu convenu)

Groupe F

FCA Franco Transporteur (... lieu convenu)

Groupe C

CPT Port payé jusqu'à
(... lieu de destination convenu)

CIP Port payé Assurance comprise jusqu'à
(... lieu de destination convenu)

Groupe D

DAF Rendu Frontière
(... lieu de destination convenu)

DDU Rendu Droits non Acquittés
(... lieu de destination convenu)

DDP Rendu Droits Acquittés
(... lieu de destination convenu)

Transport martime et transport par voies navigables intérieures exclusivement

Groupe F

FAS Franco le long du Navire
(... port d'embarquement convenu)

FOB Franco Bord
(... port d'embarquement convenu)

Groupe C

CFR Coût et Fret
(... port de destination convenu)

CIF Coût, Assurance et Fret
(... port de destination convenu)

Groupe D

DES Rendu Ex Ship
(... port de destination convenu)

DEQ Rendu à Quai
(... port de destination convenu)

18. Utilisation recommandée

Dans quelques cas, il est recommandé dans le préambule à un Incoterm de l'utiliser ou au contraire de ne pas l'utiliser. Cela est particulièrement important en ce qui concerne le choix entre FCA et FOB. Les commerçants continuent malheureusement d'utiliser FOB même lorsque ce terme est totalement inapproprié ; il en résulte que le vendeur doit assumer des risques postérieurement à la remise de la marchandise au transporteur désigné par l'acheteur. L'utilisation de FOB n'est appropriée que dans les cas où la marchandise est à livrer « au passage du bastingage du navire » ou, en tout état de cause, « au navire » ; pareille utilisation n'est pas appropriée lorsque la marchandise est remise au transporteur pour mise à bord ultérieure sur un navire, par exemple marchandise dûment stockée en conteneurs ou chargée sur des camions ou des wagons dans le trafic routier « roll on-roll off ». Aussi le préambule au terme FOB recommande-t-il très fermement de ne pas utiliser ce terme lorsque les parties ne prévoient pas que la marchandise soit livrée au passage du bastingage du navire.

Parfois, les parties utilisent par erreur des termes conçus pour le transport de la marchandise par mer alors qu'il est envisagé aussi de recourir à un autre mode de transport. Le vendeur peut en conséquence se trouver malencontreusement dans l'impossibilité de remplir son obligation de remettre à l'acheteur le document adéquat (par exemple un connaissement, une lettre de transport maritime ou un message électronique équivalent). Le tableau figurant au paragraphe 17 indique l'Incoterm 2000 approprié pour chaque mode de transport. Le préambule à chaque terme précise également si ce terme peut être utilisé pour tous les modes de transport ou seulement pour le transport de la marchandise par mer.

19. Le connaissement et le commerce électronique

Traditionnellement, le connaissement à bord a été le seul document acceptable pour présentation par le vendeur en vertu des termes CFR et CIF. Le connaissement remplit trois fonctions importantes :

– il constitue la preuve de la livraison de la marchandise à bord du navire

– il atteste l'existence du contrat de transport

– il constitue un moyen de transférer les droits sur la marchandise en transit à une autre partie, et ce par transfert du document-papier à cette partie.

Les documents de transport autres que le connaissement pourraient remplir les deux premières fonctions ci-dessus, mais ne pourraient servir à attester de la livraison de la marchandise au lieu de destination, ni permettre à un acheteur de vendre la marchandise en transit par remise du document-papier à un autre acheteur. Au lieu de cela, d'autres documents de transport désigneraient la partie en droit de réceptionner la marchandise au lieu de destination. La nécessité qu'il y a d'être en possession du connaissement pour obtenir du transporteur la remise de la marchandise au lieu de destination rend particulièrement difficile le remplacement du document-papier par un moyen de communication électronique.

Par ailleurs, il est d'usage d'émettre des connaissements en plusieurs originaux mais il est bien entendu d'importance capitale pour un acheteur, ou pour une banque qui agit pour son compte en payant le vendeur, de s'assurer que tous les originaux sont remis par le vendeur (« série complète »). C'est là aussi une exigence des Règles CCI pour les crédits documentaires (Règles et Usances Uniformes de la CCI « RUU » ; version en vigueur à la date de publication des Incoterms 2000 : publication CCI 500).

Le document de transport doit fournir la preuve non seulement de la livraison de la marchandise au transporteur mais aussi la preuve que la marchandise a été reçue en bon état, pour autant que le transporteur ait pu s'en assurer. Toute mention sur le document de transport indiquant que la marchandise n'était pas en bon état rendrait ce document « non net » et donc inacceptable aux termes des RUU.

Malgré la nature juridique particulière du connaissement, on s'attend à ce qu'il soit remplacé par un message électronique dans un proche avenir. Les Incoterms 1990 prenaient déjà dûment en compte cette évolution. D'après les clauses A8, les documents-papier peuvent être remplacés par des messages électroniques sous réserve que les parties soient convenues de communiquer par voie électronique. Pareils messages pourraient être transmis à la partie concernée soit directement soit par l'intermédiaire d'un tiers fournissant des services de valeur ajoutée. Un tel service qui peut être utilement fourni par une partie tierce est l'enregistrement des détenteurs successifs d'un connaissement. Des systèmes offrant ces services, par exemple le service dit « Bolero », peuvent avoir besoin d'être renforcés au moyen de normes juridiques et de principes appropriés, ainsi qu'il ressort des Règles CMI de 1990 pour les connaissements électroniques et des articles 16 et 17 de la loi type de la CNUDCI sur le commerce électronique (1996).

20. Documents de transport non négociables aux lieu et place des connaissements

Au cours des dernières années, les pratiques bancaires ont été très largement simplifiées. Les connaissements sont souvent remplacés par des documents non négociables similaires à ceux utilisés pour des modes de transport autres que le transport maritime. Ces documents sont connus sous les noms de « lettre de transport maritime », « lettre de transport de ligne », « récépissé de fret » ou des variantes de ces expressions. Des documents non négociables peuvent fort bien être utilisés, sauf dans le cas où l'acheteur souhaite vendre la marchandise en transit en abandonnant un document-papier à un nouvel acheteur. Pour que cela soit possible, l'obligation du vendeur de fournir un connaissement en vertu des termes CFR et CIF doit nécessairement être maintenue. Toutefois, lorsque les parties contractantes savent que l'acheteur ne prévoit pas de vendre la marchandise en transit, elles peuvent convenir spécifiquement d'exonérer le vendeur de l'obligation de fournir un connaissement, ou bien elles peuvent utiliser les termes CPT et CIP qui ne requièrent pas de fournir un connaissement.

21. Du droit de donner des instructions au transporteur

Un acheteur payant la marchandise en vertu d'un terme « C » doit s'assurer que le vendeur, ne puisse, une fois payé, mettre la marchandise à disposition en donnant des instructions nouvelles au transporteur. Certains documents de transport utilisés pour des modes de transport particuliers (air, route, rail) donnent la possibilité aux parties contractantes d'interdire au vendeur de donner pareilles instructions au transporteur, et ce en fournissant à l'acheteur un original spécifique de la lettre de voiture ou un double de celle-ci. Cependant, les documents utilisés aux lieu et place des connaissements pour le transport maritime n'offrent pas en général pareille possibilité. Le Comité Maritime International a remédié aux insuffisances des documents mentionnés ci-dessus en publiant en 1990 des règles uniformes pour les connaissements maritimes ; ces règles permettent aux parties d'insérer une clause dite de « non-disposition » par laquelle le vendeur abandonne son droit de disposer de la marchandise au moyen d'instructions enjoignant au transporteur de livrer la marchandise à un tiers ou dans un lieu autre que celui stipulé dans la lettre de voiture.

22. Arbitrage CCI

Les parties contractantes qui souhaitent avoir la possibilité de recourir à l'arbitrage CCI en cas de différends avec leurs co-contractants devraient spécifier clairement le recours à l'arbitrage CCI dans leurs contrats ; en l'absence d'un document contractuel, les parties devraient préciser leur volonté dans l'échange de correspondance qui tient lieu d'accord entre elles. L'insertion d'un ou plusieurs Incoterms dans un contrat ou dans l'échange de correspondance qui en tient lieu ne constitue PAS en soi un accord de recourir à l'arbitrage de la CCI.

La CCI recommande la clause type d'arbitrage ci-après :

« Tous différends découlant du présent contrat ou en relation avec celui-ci seront tranchés définitivement suivant le Règlement d'arbitrage de la Chambre de Commerce Internationale par un ou plusieurs arbitres nommés conformément à ce Règlement ».

EXW
À L'USINE

(... lieu convenu)

« A l'usine » signifie que le vendeur a dûment livré la marchandise dès lors que celle-ci a été mise à la disposition de l'acheteur dans ses locaux propres ou dans un autre lieu convenu (atelier, usine, entrepôt, etc), et ce sans accomplissement des formalités douanières à l'exportation et sans chargement sur un quelconque véhicule d'enlèvement.

Ce terme définit donc l'obligation minimale du vendeur, l'acheteur ayant à supporter tous les frais et risques inhérents à la pris en charge de la marchandise depuis les locaux du vendeur.

Toutefois si les parties souhaitent faire assumer au vendeur la respon-sabilité du chargement de la marchandise au départ ainsi que les risques et tous les frais y afférents elles doivent le préciser clairement en insérant à cet effet une clause explicite dans le contrat de vente[1] . Le terme « A l'usine » ne devrait pas être utilisé lorsque l'acheteur ne peut effectuer directement ou indirectement les formalités douanières à l'ex-portation. En pareils cas, le terme FCA devrait être utilisé, sous réserve que le vendeur accepte de charger la marchandise à ses frais et risques.

© 1999 Chambre de Commerce Internationale

---

1   Voir Introduction paragraphe 11.

EXW

A OBLIGATIONS DU VENDEUR

A1 Fourniture de la marchandise conformément au contrat

Le vendeur doit fournir, conformément au contrat de vente, la marchandise et la facture commerciale ou un message électronique équivalent, ainsi que toute autre preuve de conformité qui peut être requise aux termes du contrat.

A2 Licences, autorisations et formalités

Le vendeur doit prêter à l'acheteur, sur demande de celui-ci et à ses risques et frais, toute l'assistance nécessaire pour obtenir, le cas échéant[2], toute licence d'exportation ou toute autre autorisation officielle nécessaire à l'exportation de la marchandise.

A3 Contrats de transport et d'assurance

a) Contrat de transport
Aucune obligation[3].

b) Contrat d'assurance
Aucune obligation[4].

A4 Livraison

Le vendeur doit mettre la marchandise, non chargée sur un quelconque véhicule d'enlèvement, à la disposition de l'acheteur au lieu de livraison convenu, à la date ou dans les délais stipulés ou, en l'absence de pareille stipulation, au moment usuel pour la livraison de ce type de marchandises. Si les parties ne sont convenues d'aucun endroit précis au lieu de livraison convenu et si le choix entre plusieurs endroits est possible le vendeur peut choisir l'endroit qui lui convient le mieux au lieu de livraison.

A5 Transfert des risques

Sous réserve des dispositions de B5, le vendeur doit supporter tous les risques de perte ou de dommage que la marchandise peut courir jusqu'au moment où elle a été livrée conformément à A4.

---

2   Voir Introduction paragraphe 14.
3   Voir Introduction paragraphe 10.
4   Voir Introduction paragraphe 10.

EXW

B OBLIGATIONS DE L'ACHETEUR

B1 Paiement du prix

L'acheteur doit payer le prix tel que prévu dans le contrat de vente.

B2 Licences, autorisations et formalités

L'acheteur doit obtenir à ses propres risques et frais toute licence d'exportation et d'importation ou toute autre autorisation officielle et accomplir, le cas échéant[5], toutes les formalités douanières pour l'exportation et l'importation de la marchandise ou le transit de celle-ci par un quelconque pays.

B3 Contrats de transport et d'assurance

a) Contrat de transport
Aucune obligation[6].

b) Contrat d'assurance
Aucune obligation[7].

B4 Prise de livraison

L'acheteur doit prendre livraison de la marchandise dès qu'elle a été livrée conformément à A4 et A7/B7.

B5 Transfert des risques

L'acheteur doit supporter tous les risques de perte ou de dommage que la marchandise peut courir
- à partir du moment où elle a été livrée conformément à A4 ; et
- à partir de la date convenue ou de la date d'expiration de toute période fixée pour la livraison, faute pour l'acheteur d'effectuer la notification conformément à B7, sous réserve toutefois que la marchandise ait été dûment affectée au contrat c'est à dire clairement mise à part ou autrement identifiée comme étant la marchandise contractuelle.

---

5   Voir Introduction paragraphe 14.
6   Voir Introduction paragraphe 10.
7   Voir Introduction paragraphe 10.

EXW

A6 Répartition des frais

Sous réserve des dispositions de B6, le vendeur doit payer tous les frais afférents à la marchandise jusqu'au moment où elle a été livrée conformément à A4.

A7 Notification à l'acheteur

Le vendeur doit prévenir l'acheteur dans un délai raisonnable du moment et du lieu où la marchandise sera mise à sa disposition.

A8 Preuve de la livraison, document de transport ou message électronique équivalent

Aucune obligation[8].

A9 Vérification, conditionnement, marquage

Le vendeur doit payer les frais de toutes les opérations de vérification (telles que la vérification de la qualité, des dimensions, du poids, du nombre d'unités) qui sont nécessaires pour mettre la marchandise à la disposition de l'acheteur.

Le vendeur doit fournir à ses propres frais l'emballage nécessaire au transport de la marchandise (sauf s'il est d'usage dans la profession de fournir sans emballage la marchandise décrite au contrat), pour autant que les conditions de transport (par exemple modalités, destination) soient communiquées au vendeur avant la conclusion du contrat de vente. L'emballage doit être marqué de façon appropriée.

© 1999 Chambre de Commerce Internationale

---

8   Voir Introduction paragraphe 10.

B6 Répartition des frais

L'acheteur doit payer :

- tous les frais afférents à la marchandise à partir du moment où elle a été livrée conformémement à A4 ; et
- tous frais additionnels qu'il a encourus faute soit d'avoir pris livraison de la marchandise lorsqu'elle a été mise à sa disposition soit faute d'avoir fait la notification appropriée conformément à B7, sous réserve toutefois que la marchandise ait été dûment affectée au contrat c'est à dire clairement mise à part ou autrement identifiée comme étant la marchandise contractuelle ; et
- le cas échéant[9], tous les droits, taxes et autres frais ainsi que les frais pour l'accomplissement des formalités douanières qui sont exigibles lors de l'exportation et de l'importation de la marchandise, et lors de son transit par un quelconque pays.

L'acheteur doit rembourser tous les frais et charges encourus par le vendeur pour prêter son assistance conformément à A2.

B7 Notification au vendeur

Lorsqu'il a le droit de déterminer à quel moment au cours d'une période convenue la livraison pourra intervenir et/ou le lieu de livraison, l'acheteur doit prévenir le vendeur dans un délai raisonnable.

B8 Preuve de la livraison, document de transport ou message électronique équivalent

L'acheteur doit fournir au vendeur une preuve appropriée de la prise de livraison de la marchandise.

B9 Inspection des marchandises

L'acheteur doit payer les frais afférents à toute inspection des marchandises avant expédition, y compris toute inspection diligentée par les autorités du pays d'exportation.

---

9   Voir Introduction paragraphe 14.

EXW

A10 Autres obligations

Le vendeur doit prêter à l'acheteur à la demande de ce dernier et à ses risques et frais, toute l'assistance nécessaire pour obtenir tous documents ou messages électroniques équivalents émis ou transmis dans le pays de livraison et/ou d'origine, dont l'acheteur peut avoir besoin pour l'exportation et/ou l'importation de la marchandise et, le cas échéant, pour son transit par un quelconque pays.

Le vendeur doit fournir à l'acheteur, à la demande de ce dernier, les informations nécessaires pour obtenir une assurance.

B10 Autres obligations

L'acheteur doit payer la totalité des frais et charges encourus pour obtenir les documents ou messages électroniques équivalents mentionnés en A10, et rembourser ceux encourus par le vendeur pour prêter son concours conformément à cet article.

EXW

FCA
FRANCO TRANSPORTEUR

(... lieu convenu)

« Franco Transporteur » signifie que le vendeur a dûment livré la marchandise dès lors que celle-ci, dédouanée à l'exportation, a été mise à la disposition du transporteur nommé par l'acheteur au lieu convenu. Il convient de noter que le lieu de livraison choisi a une incidence sur les obligations de chargement et de déchargement de la marchandise en ce lieu. Si la livraison est effectuée dans les locaux du vendeur, ce dernier est responsable du chargement de la marchandise ; si la livraison a lieu ailleurs, le vendeur n'est pas responsable du déchargement.

Ce terme peut être utilisé pour tout mode de transport, y compris en transport multimodal.

Le terme « Transporteur » désigne toute personne qui, aux termes d'un contrat de transport, s'engage à effectuer ou faire effectuer un transport par rail, route, air, mer, voies navigables intérieures ou par une combinaison de ces divers modes de transport.

Si l'acheteur nomme une personne autre qu'un transporteur pour recevoir la marchandise, le vendeur est réputé avoir rempli son obligation de livraison dès lors que la marchandise a été livrée à cette personne.

FCA

A OBLIGATIONS DU VENDEUR

A1 Fourniture de la marchandise conformément au contrat

Le vendeur doit fournir, conformément au contrat de vente, la marchandise et la facture commerciale ou un message électronique équivalent, ainsi que toute autre preuve de conformité qui peut être requise aux termes du contrat.

A2 Licences, autorisations et formalités

Le vendeur doit obtenir à ses propres risques et frais toute licence d'exportation ou toute autre autorisation officielle et accomplir, le cas échéant[1], toutes les formalités douanières nécessaires à l'exportation de la marchandise.

A3 Contrats de transport et d'assurance

a) Contrat de transport

Aucune obligation[2]. Cependant, à la demande de l'acheteur ou si telle est la pratique commerciale et si l'acheteur ne donne pas d'instructions contraires en temps utile, le vendeur peut conclure le contrat de transport aux conditions usuelles, aux risques et frais de l'acheteur. Dans l'un et l'autre cas, le vendeur peut refuser de conclure le contrat et, s'il en décide ainsi, il doit en avertir promptement l'acheteur.

b) Contrat d'assurance.
Aucune obligation[3].

---

1   Voir Introduction paragraphe 14.
2   Voir Introduction paragraphe 10.
3   Voir Introduction paragraphe 10.

B OBLIGATIONS DE L'ACHETEUR

B1 Paiement du prix

L'acheteur doit payer le prix tel que prévu dans le contrat de vente.

B2 Licences, autorisations et formalités

L'acheteur doit obtenir à ses propres risques et frais toute licence d'importation ou toute autre autorisation officielle et accomplir, le cas échéant[4], toutes les formalités douanières pour l'importation de la marchandise et, si nécessaire, pour le transit de celle-ci par un quelconque pays.

B3 Contrats de transport et d'assurance

a) Contrat de transport
L'acheteur doit conclure à ses propres frais un contrat pour le transport de la marchandise depuis le lieu convenu, sauf si le contrat de transport est conclu par le vendeur comme prévu en A3 a).

b) Contrat d'assurance
Aucune obligation[5].

---

4   Voir Introduction paragraphe 14.
5   Voir Introduction paragraphe 10.

FCA

A4 Livraison

Le vendeur doit livrer la marchandise au transporteur ou à toute personne nommée par l'acheteur ou choisie par le vendeur conformément à A3 a), au lieu ou à l'endroit convenu, à la date ou dans les délais convenus pour la livraison.

La livraison est dûment effectuée :
a) si les locaux du vendeur sont le lieu convenu, dès lors que la marchandise a été chargée sur le véhicule fourni par le transporteur nommé par l'acheteur ou par une autre personne agissant en sa faveur.

b) si le lieu convenu est autre que celui visé en a), dès lors que la marchandise est mise à la disposition du transporteur ou d'une autre personne nommée par l'acheteur, ou choisie par le vendeur conformément à A3 a), sur le véhicule du vendeur non déchargé.

Si aucun endroit précis au lieu désigné n'a été convenu et si le choix entre plusieurs endroits est possible le vendeur peut choisir l'endroit qui lui convient le mieux au lieu de livraison.
En l'absence d'instructions précises de l'acheteur, le vendeur peut livrer la marchandise pour transport ultérieur selon les modalités qui peuvent être requises compte tenu du mode de transport et/ou du volume et/ou de la nature de la marchandise.

A5 Transfert des risques

Sous réserve des dispositions de B5, le vendeur doit supporter tous les risques de perte ou de dommage que la marchandise peut courir jusqu'au moment où elle a été livrée conformément à A4.

FCA

B4 Prise de livraison

L'acheteur doit prendre livraison de la marchandise dès lors qu'elle a été livrée conformément à A4.

B5 Transfert des risques

L'acheteur doit supporter tous les risques de perte ou de dommage que la marchandise peut courir

- à partir du moment où elle a été livrée conformément à A4 ; et
- à partir de la date convenue ou de la date d'expiration de toute période fixée pour la livraison faute pour l'acheteur de nommer un transporteur ou une autre personne conformément à A4, ou parce que le transporteur ou la partie nommée par l'acheteur ne prend pas en charge la marchandise au moment convenu, ou encore parce que l'acheteur n'effectue pas la notification appropriée conformément à B7, sous réserve toutefois que la marchandise ait été dûment affectée au contrat, c'est-à-dire clairement mise à part ou autrement identifiée comme étant la marchandise contractuelle.

A6 Répartition des frais

Sous réserve des dispositions de B6, le vendeur doit payer :

- tous les frais afférents à la marchandise jusqu'au moment où elle a été livrée conformément à A4 ; et
- le cas échéant[6], les frais des formalités douanières ainsi que tous les droits, taxes et autres redevances exigibles à l'exportation.

A7 Notification à l'acheteur

Le vendeur doit prévenir l'acheteur dans un délai raisonnable de la livraison de la marchandise conformément à A4. Si le transporteur ne prend pas livraison de la marchandise conformément à A4 au moment convenu, le vendeur doit en aviser l'acheteur.

A8 Preuve de la livraison, document de transport ou message électronique équivalent

Le vendeur doit fournir à ses propres frais à l'acheteur la preuve usuelle de la livraison de la marchandise conformément à A4.

A moins que le document mentionné au paragraphe précédent ne soit le document de transport, le vendeur doit prêter à l'acheteur, à la demande de ce dernier et à ses risques et frais, toute l'assistance nécessaire pour obtenir un document de transport pour le contrat de transport (par exemple, un connaissement négociable ; une lettre de transport maritime non négociable, un document de transport par voies navigables intérieures, une lettre de transport aérien, une lettre de voiture ferroviaire, une lettre de voiture routière, ou un document de transport multimodal).

Lorsque le vendeur et l'acheteur sont convenus de communiquer par voie électronique, le document mentionné au paragraphe précédent peut être remplacé par un message équivalent en échange de données informatisées (EDI).

---

6   Voir Introduction paragraphe 14.

B6 Répartition des frais

L'acheteur doit payer :
- tous les frais afférents à la marchandise à partir du moment où elle a été livrée conformément à A4 ; et
- tous frais additionnels qu'il a encourus soit parce qu'il n'a pas nommé le transporteur ou une autre personne nommée conformément à A4 soit parce que la personne nommée par lui n'a pas pris la marchandise en charge au moment convenu, soit encore parce qu'il n'a pas effectué la notification conformément à B7, sous réserve toutefois que la marchandise ait été dûment affectée au contrat c'est-à-dire clairement mise à part ou autrement identifiée comme étant la marchandise contractuelle ; et,
- le cas échéant[7], tous les droits, taxes et autres redevances, ainsi que les frais pour l'accomplissement des formalités douanières qui sont exigibles lors de l'importation de la marchandise et lors de son transit par un quelconque pays.

B7 Notification au vendeur

L'acheteur doit prévenir le vendeur dans un délai raisonnable du nom de la partie désignée conformément à A4 et, si nécessaire, préciser le mode de transport, la date ou le délai de livraison de la marchandise ainsi que, le cas échéant, l'endroit précis au lieu de livraison où la marchandise doit être livrée à cette personne.

B8 Preuve de la livraison, document de transport ou message électronique équivalent

L'acheteur doit accepter la preuve de la livraison conformément à A8.

---

7   Voir Introduction paragraphe 14.

A9 Vérification, emballage, marquage

Le vendeur doit payer les frais de toutes les opérations de vérification (telles que la vérification de la qualité, des dimensions, du poids, du nombre d'unités) qui sont nécessaires pour livrer la marchandise conformément à A4.

Le vendeur doit fournir à ses propres frais l'emballage nécessaire au transport de la marchandise (sauf s'il est d'usage dans la profession de fournir sans emballage la marchandise décrite au contrat) pour autant que les conditions de transport (par exemple. modalités, destination) soient communiquées au vendeur avant la conclusion du contrat de vente. L'emballage doit être marqué de façon appropriée.

A10 Autres obligations

Le vendeur doit prêter à l'acheteur à la demande de ce dernier et à ses risques et frais, toute l'assistance nécessaire pour obtenir tous documents ou messages électroniques équivalents (autres que ceux mentionnés en A8), émis ou transmis dans le pays de livraison et/ou d'origine dont l'acheteur peut avoir besoin pour l'importation de la marchandise et, le cas échéant, pour son transit par un quelconque pays.

Le vendeur doit fournir à l'acheteur, à la demande de ce dernier, les informations nécessaires pour obtenir une assurance.

B9 Inspection de la marchandise

L'acheteur doit payer les frais de toute inspection de la marchandise avant expédition, sauf si pareille inspection est diligentée par les autorités du pays d'exportation.

B10 Autres obligations

L'acheteur doit payer la totalité des frais et charges encourus pour obtenir les documents ou messages électroniques équivalents mentionnés en A10, et rembourser ceux encourus par le vendeur pour prêter son concours conformément à la disposition précitée et pour conclure le contrat de transport conformément à A3 a).

L'acheteur doit fournir au vendeur les instructions appropriées dans tous les cas où le concours du vendeur est nécessaire pour conclure le contrat de transport conformément à A3 a).

FAS

FRANCO LE LONG DU NAVIRE

(... port d'embarquement convenu)

« Franco le long du navire » signifie que le vendeur a dûment livré dès lors que la marchandise a été placée le long du navire, au port d'embarquement convenu. C'est à partir de ce moment-là, que l'acheteur doit supporter tous les frais et risques de perte ou de dommage que la marchandise peut courir.

Le terme FAS impose au vendeur l'obligation de dédouaner la marchandise à l'exportation. C'EST LÀ UN RENVERSEMENT DE LA SITUATION PAR RAPPORT AUX VERSIONS ANTÉRIEURES DES INCOTERMS QUI METTAIENT À LA CHARGE DE L'ACHETEUR LE DÉDOUANEMENT À L'EXPORTATION.

Toutefois si les parties souhaitent que l'acheteur dédouane la marchandise à l'exportation, elles doivent le préciser en insérant à cet effet une clause explicite dans le contrat de vente[1]

Le terme FAS est à utiliser exclusivement pour le transport par mer ou par voies navigables intérieures.

FAS

---

1   Voir Introduction paragraphe 11.

A OBLIGATIONS DU VENDEUR

A1 Fourniture de la marchandise conformément au contrat

Le vendeur doit fournir, conformément au contrat de vente, la marchandise et la facture commerciale, ou un message électronique équivalent, ainsi que toute autre preuve de conformité qui peut être requise aux termes du contrat.

A2 Licences, autorisations et formalités

Le vendeur doit obtenir à ses propres risques et frais toute licence d'exportation ou toute autre autorisation officielle et accomplir, le cas échéant[2], toutes les formalités douanières nécessaires à l'exportation de la marchandise.

A3 Contrats de transport et d'assurance

a) Contrat de transport
Aucune obligation[3].

b) Contrat d'assurance
Aucune obligation[4].

A4 Livraison

Le vendeur doit placer la marchandise le long du navire et au lieu de chargement désigné par l'acheteur au port d'embarquement convenu, et ce à la date ou dans les délais convenus, et selon les usages de ce port.

A5 Transfert des risques

Sous réserve des dispositions de B5, le vendeur doit supporter tous les risques de perte ou de dommage que la marchandise peut courir jusqu'au moment où elle a été livrée conformément à A4.

---

2   Voir Introduction paragraphe 14.
3   Voir Introduction paragraphe 10.
4   Voir Introduction paragraphe 10.

B OBLIGATIONS DE L'ACHETEUR

B1 Paiement du prix
L'acheteur doit payer le prix tel que prévu dans le contrat de vente.

B2 Licences, autorisations et formalités
L'acheteur doit obtenir à ses propres risques et frais toute licence d'importation ou toute autre autorisation officielle et accomplir, le cas échéant[5], toutes les formalités douanières pour l'importation de la marchandise et pour son transit par un quelconque pays.

B3 Contrats de Transport et d'assurance
a) Contrat de transport
L'acheteur doit conclure à ses propres frais un contrat pour le transport de la marchandise à partir du port d'embarquement convenu.

b) Contrat d'assurance
Aucune obligation[6].

B4 Prise de livraison
L'acheteur doit prendre livraison de la marchandise dès qu'elle a été livrée conformément à A4.

B5 Transfert des risques
L'acheteur doit supporter tous les risques de perte ou de dommage que la marchandise peut courir
- à partir du moment où elle a été livrée conformément à A4 ; et
- à partir de la date convenue ou de la date d'expiration de toute période fixée pour la livraison faute pour l'acheteur d'effectuer la notification conformément à B7 ou parce que le navire qu'il a désigné n'arrive pas à temps ou ne peut prendre la marchandise ou met fin au chargement du fret avant la date notifiée conformément à B7, sous réserve toutefois que la marchandise ait été dûment affectée au contrat c'est-à-dire clairement mise à part ou autrement identifiée comme étant la marchandise contractuelle.

---

5 Voir Introduction paragraphe 14.
6 Voir Introduction paragraphe 10.

A6 Répartition des frais

Sous réserve des dispositions de B6, le vendeur doit payer :

* tous les frais afférents à la marchandise jusqu'au moment où elle a été livrée conformément à A4 ; et

* le cas échéant[7], les frais des formalités douanières, ainsi que tous les droits, taxes et autres redevances exigibles à l'exportation.

A7 Notification à l'acheteur

Le vendeur doit prévenir l'acheteur dans un délai raisonnable que la marchandise a été livrée le long du navire désigné.

A8 Preuve de la livraison, document de transport ou message électronique équivalent

Le vendeur doit fournir à ses propres frais à l'acheteur, la preuve usuelle de la livraison de la marchandise conformément à A4.

A moins que le document mentionné au paragraphe précédent ne soit le document de transport, le vendeur doit prêter à l'acheteur à la demande de ce dernier et à ses risques et frais, toute l'assistance nécessaire pour obtenir un document de transport (par exemple un connaissement négociable, une lettre de transport maritime non négociable, un document de transport par voies navigables intérieures).

Lorsque le vendeur et l'acheteur sont convenus de communiquer par voie électronique, le document mentionné aux paragraphes précédents peut être remplacé par un message équivalent en échange de données informatisées (EDI).

---

7   Voir Introduction paragraphe 14.

B6 Répartition des frais

L'acheteur doit payer :

- tous les frais afférents à la marchandise à partir du moment où elle a été livrée conformément à A4 ; et
- tous frais supplémentaires qu'il a encourus soit parce que le navire désigné par l'acheteur n'est pas arrivé à temps, ou ne peut prendre la marchandise, ou met fin au chargement du fret avant la date fixée conformément à B7 ou parce que l'acheteur n'a pas effectué la notification conformément à B7 sous réserve toutefois que la marchandise ait été dûment affectée au contrat, c'est à dire clairement mise à part ou autrement identifiée comme étant la marchandise contractuelle ; et
- le cas échéant[8], tous les droits, taxes et autres redevances ainsi que les frais pour l'accomplissement des formalités douanières qui sont exigibles à l'importation de la marchandise et lors de son transit par un quelconque pays.

B7 Notification au vendeur

L'acheteur doit prévenir le vendeur dans un délai raisonnable du nom du navire, du lieu de chargement et du délai de livraison à respecter.

B8 Preuve de la livraison, document de transport ou message électronique équivalent

L'acheteur doit accepter la preuve de la livraison conformément à A8.

---

8   Voir Introduction paragraphe 14.

A9   Vérification, emballage, marquage

Le vendeur doit payer les frais de toutes les opérations de vérification (telles que la vérification de la qualité, des dimensions, du poids, du nombre d'unités) qui sont nécessaires pour livrer la marchandise conformément à A4.

Le vendeur doit fournir à ses propres frais l'emballage nécessaire au transport de la marchandise (sauf s'il est d'usage dans la profession de fournir sans emballage la marchandise décrite dans le contrat) pour autant que les conditions de transport (par exemple modalités, destination) soient communiquées au vendeur avant la conclusion du contrat de vente. L'emballage doit être marqué de façon appropriée.

A10   Autres obligations

Le vendeur doit prêter à l'acheteur, à la demande de ce dernier et à ses risques et frais, toute l'assistance nécessaire pour obtenir tous documents ou messages électroniques équivalents (autres que ceux mentionnés en A8) émis ou transmis dans le pays d'expédition et/ou d'origine dont l'acheteur peut avoir besoin pour l'importation de la marchandise et, le cas échéant, pour son transit par un quelconque pays.

Le vendeur doit fournir à l'acheteur, à la demande de ce dernier, les informations nécessaires pour obtenir une assurance.

B9 Inspection de la marchandise

L'acheteur doit payer les frais de toute inspection avant expédition, sauf si pareille inspection est diligentée par les autorités du pays d'exportation.

B10 Autres obligations

L'acheteur doit payer la totalité des frais et charges encourus pour obtenir les documents ou les messages électroniques équivalents qui sont mentionnés en A10 et rembourser ceux encourus par le vendeur pour prêter son concours conformément à cet article.

FOB
FRANCO BORD

(... port d'embarquement convenu)

« Franco Bord » signifie que le vendeur a dûment livré dès lors que la marchandise a passé le bastingage du navire au port d'embarquement convenu. Il s'ensuit qu'à partir de cet endroit l'acheteur doit supporter tous les frais et risques de perte ou de dommage que la marchandise peut courir. Le terme FOB exige que le vendeur dédouane la marchandise à l'exportation. Il est à utiliser exclusivement pour le transport par mer ou par voies navigables intérieures. Si les parties n'entendent pas que la marchandise soit livrée au moment où elle passe le bastingage du navire, le terme FCA doit être utilisé.

A OBLIGATIONS DU VENDEUR

A1 Fourniture de la marchandise conformément au contrat

Le vendeur doit fournir, conformément au contrat de vente, la marchandise et la facture commerciale ou un message électronique équivalent, ainsi que toute autre preuve de conformité qui peut être requise aux termes du contrat.

A2 Licences, autorisations et formalités

Le vendeur doit obtenir à ses propres risques et frais toute licence d'exportation ou toute autre autorisation officielle et accomplir, le cas échéant[1], toutes les formalités douanières nécessaires à l'exportation de la marchandise.

A3 Contrats de transport et d'assurance

a) Contrat de transport
Aucune obligation[2].

b) Contrat d'assurance
Aucune obligation[3].

A4 Livraison

Le vendeur doit livrer la marchandise à bord du navire désigné par l'acheteur, au port d'embarquement convenu, et ce à la date ou dans les délais convenus, et selon les usages de ce port.

A5 Transfert des risques

Sous réserve des dispositions de B5, le vendeur doit supporter tous les risques de perte ou de dommage que la marchandise peut courir jusqu'au moment où elle a passé le bastingage du navire au port d'embarquement convenu.

---

1   Voir Introduction paragraphe 14.
2   Voir Introduction paragraphe 10.
3   Voir Introduction paragraphe 10.

B OBLIGATIONS DE L'ACHETEUR

B1 Paiement du prix

L'acheteur doit payer le prix tel que prévu dans le contrat de vente.

B2 Licences, autorisations et formalités

L'acheteur doit obtenir à ses propres risques et frais toute licence d'importation ou toute autre autorisation officielle et accomplir, le cas échéant[4], toutes les formalités douanières pour l'importation de la marchandise et, si nécessaire, pour le transit de celle-ci par un quelconque pays.

B3 Contrats de transport et d'assurance

a) Contrat de transport
L'acheteur doit conclure à ses propres frais un contrat pour le transport de la marchandise à partir du port d'embarquement convenu.

b) Contrat d'assurance
Aucune obligation[5].

B4 Prise de livraison

L'acheteur doit prendre livraison de la marchandise dès qu'elle a été livrée conformément à A4.

B5 Transfert des risques

L'acheteur doit supporter tous les risques de perte ou de dommage que la marchandise peut courir
- à partir du moment où elle a passé le bastingage du navire au port d'embarquement convenu.
- à partir de la date convenue ou de la date d'expiration de toute période fixée pour la livraison, faute pour l'acheteur d'effectuer la notification conformément à B7, ou parce que le navire désigné par lui n'arrive pas à temps ou ne peut prendre la marchandise ou met fin au chargement du fret avant la date fixée conformément à B7 sous réserve toutefois que la marchandise ait été affectée au contrat, c'est-à-dire clairement mise à part ou autrement identifiée comme étant la marchandise contractuelle.

---

4   Voir Introduction paragraphe 14.
5   Voir Introduction paragraphe 10.

FOB

A6 Répartition des frais

Sous réserve des dispositions de B6 le vendeur doit payer :
- tous les frais afférents à la marchandise jusqu'au moment où elle a passé le bastingage du navire au port d'embarquement convenu ; et
- le cas échéant[6], les frais des formalités douanières nécessaires à l'exportation ainsi que tous les droits, taxes et autres redevances exigibles à l'exportation.

A7 Notification à l'acheteur

Le vendeur doit prévenir l'acheteur dans un délai raisonnable de la livraison de la marchandise conformément à A4.

A8 Preuve de la livraison, document de transport ou message électronique équivalent

Le vendeur doit fournir, à ses propres frais, à l'acheteur la preuve usuelle de la livraison de la marchandise conformément à A4.

A moins que le document mentionné au paragraphe précédent ne soit le document de transport, le vendeur doit prêter à l'acheteur, à la demande de ce dernier et à ses risques et frais, toute l'assistance nécessaire pour obtenir un document de transport pour le contrat de transport (par exemple un connaissement négociable, une lettre de transport maritime non négociable, un document de transport par voies navigables intérieures ou un document de transport multimodal).

Lorsque le vendeur et l'acheteur sont convenus de communiquer électroniquement, le document mentionné au paragraphe précédent peut être remplacé par un message équivalent en échange de données informatisées (EDI).

© 1999 Chambre de Commerce Internationale

---

6   Voir Introduction paragraphe 14.

B6 Répartition des frais

L'acheteur doit payer :

- tous les frais afférents à la marchandise à partir du moment où elle a passé le bastingage du navire au port d'embarquement convenu ; et
- tous frais additionnels qu'il a encourus soit parce que le navire désigné par lui n'est pas arrivé à temps ou n'a pu prendre la marchandise, ou met fin au chargement du fret avant la date notifiée conformément à B7, ou encore parce que l'acheteur n'a pas effectué la notification conformément à B7, sous réserve toutefois que la marchandise ait été dûment affectée au contrat, c'est-à-dire clairement mise à part ou autrement identifiée comme étant la marchandise contractuelle ; et
- le cas échéant[7], tous les droits, taxes et autres redevances ainsi que les frais pour l'accomplissement des formalités douanières qui sont exigibles lors de l'importation de la marchandise et lors de son transit par un quelconque pays.

B7 Notification au vendeur

L'acheteur doit prévenir le vendeur dans un délai raisonnable du nom du navire, du lieu de chargement et du délai de livraison à respecter.

B8 Preuve de la livraison, document de transport ou message électronique équivalent

L'acheteur doit accepter la preuve de la livraison conformément à A8.

---

7   Voir Introduction paragraphe 14.

A9 Vérification, emballage, marquage

Le vendeur doit payer les frais des opérations de vérification (telles que la vérification de la qualité, des dimensions, du poids, du nombre d'unités) nécessaires à la livraison de la marchandise conformément à A4.

Le vendeur doit fournir à ses propres frais l'emballage nécessaire au transport de la marchandise (sauf s'il est d'usage dans la profession de fournir sans emballage la marchandise décrite au contrat) pour autant que les conditions de transport (par exemple : modalités, destination) soient communiquées au vendeur avant la conclusion du contrat de vente. L'emballage doit être marqué de façon appropriée.

A10 Autres obligations

Le vendeur doit prêter à l'acheteur, à la demande de ce dernier et à ses risques et frais, toute l'assistance nécessaire pour obtenir tous documents ou messages électroniques équivalents (autres que ceux mentionnés en A8) émis ou transmis dans le pays d'expédition et/ou d'origine dont l'acheteur peut avoir besoin pour l''importation de la marchandise et, le cas échéant, pour son transit par un quelconque pays.

Le vendeur doit fournir à l'acheteur, à la demande de ce dernier, les informations nécessaires pour obtenir une assurance.

B9 Inspection de la marchandise

L'acheteur doit payer les frais de toute inspection avant expédition, sauf si pareille inspection est diligentée par les autorités du pays d'exportation.

B10 Autres obligations

L'acheteur doit payer la totalité des frais et charges encourus pour obtenir les documents ou messages électroniques équivalents mentionnés en A10 et doit rembourser ceux encourus par le vendeur pour prêter son concours conformément à cet article.

CFR
COÛT ET FRET

(... port de destination convenu)

« Coût et Fret » signifie que le vendeur a dûment livré dès lors que la marchandise a passé le bastingage du navire au port d'embarquement.

Le vendeur doit payer les coûts et le fret nécessaires pour acheminer la marchandise jusqu'au port de destination convenu MAIS le risque de perte ou de dommage que la marchandise peut courir, ainsi que tous frais supplémentaires nés d'événements survenant après la livraison, sont transférés du vendeur à l'acheteur.

Le terme CFR fait obligation au vendeur de dédouaner la marchandise à l'exportation.

Ce terme est à utiliser exclusivement pour le transport par mer et par voies navigables intérieures. Si les parties n'entendent pas que la marchandise soit livrée au moment où elle passe le bastingage du navire, le terme CPT doit être utilisé.

CFR

A OBLIGATIONS DU VENDEUR

A1 Fourniture de la marchandise conformément au contrat

Le vendeur doit fournir, conformément au contrat de vente, la marchandise et la facture commerciale ou un message électronique équivalent, ainsi que toute autre preuve de conformité qui peut être requise aux termes du contrat.

A2 Licences, autorisations et formalités

Le vendeur doit obtenir à ses propres risques et frais toute licence d'exportation ou autre autorisation officielle et accomplir, le cas échéant[1], toutes les formalités douanières nécessaires à l'exportation de la marchandise.

A3 Contrats de transport et d'assurance

a) Contrat de transport

Le vendeur doit conclure à ses propres frais et aux conditions usuelles, un contrat pour le transport de la marchandise par l'itinéraire habituel jusqu'au port de destination convenu, par un navire de haute mer (ou le cas échéant par un bateau fluvial) du type normalement utilisé pour le transport de la marchandise décrite dans le contrat.

b) Contrat d'assurance

Aucune obligation[2].

A4 Livraison

Le vendeur doit livrer la marchandise à bord du navire au port d'embarquement, et ce à la date ou dans les délais convenus.

A5 Transfert des risques

Sous réserve des dispositions de B5, le vendeur doit supporter tous les risques de perte ou de dommage que la marchandise peut courir jusqu'au moment où elle a passé le bastingage du navire au port d'embarquement.

---

1 Voir Introduction paragraphe 14.
2 Voir Introduction paragraphe 10.

B **OBLIGATIONS DE L'ACHETEUR**

B1 **Paiement du prix**
L'acheteur doit payer le prix tel que prévu dans le contrat de vente.

B2 **Licences, autorisations et formalités**
L'acheteur doit obtenir à ses propres risques et frais toute licence d'importation ou toute autre autorisation officielle et accomplir, le cas échéant[3], toutes les formalités douanières pour l'importation de la marchandise et pour son transit par un quelconque pays.

B3 **Contrats de transport et d'assurance**
a) Contrat de transport
Aucune obligation[4].

b) Contrat d'assurance
Aucune obligation[5].

B4 **Prise de livraison**
L'acheteur doit accepter la livraison dès lors que la marchandise a été livrée conformément à A4 et la réceptionner auprès du transporteur au port de destination convenu.

B5 **Transfert des riques**
L'acheteur doit supporter tous les risques de perte ou de dommage que la marchandise peut courir à partir du moment où elle a passé le bastingage du navire au port d'embarquement.

Faute d'effectuer la notification conformément à B7, l'acheteur doit supporter tous les risques de perte ou de dommage que la marchandise peut courir à partir de la date convenue pour l'expédition ou de la date d'expiration de toute période fixée à cet effet, sous réserve toutefois que la marchandise ait été dûment affectée au contrat, c'est-à-dire clairement mise à part ou autrement identifiée comme étant la marchandise contractuelle.

---

3   Voir Introduction paragraphe 14.
4   Voir Introduction paragraphe 10.
5   Voir Introduction paragraphe 10.

© 1999 Chambre de Commerce Internationale

A6 Répartition des frais

Sous réserve des dispositions de B6 le vendeur doit payer :

- tous les frais afférents à la marchandise jusqu'au moment où elle a été livrée conformément à A4 ; et
- le fret et tous les autres frais résultant de A3 a), y compris les frais de chargement de la marchandise à bord du navire et toutes les dépenses de déchargement au port de débarquement convenu si elles sont encourues par le vendeur aux termes du contrat de transport ; et
- le cas échéant[6], les frais des formalités douanières nécessaires à l'exportation ainsi que tous les droits, taxes et autres redevances exigibles à l'exportation et pour le transit de la marchandise par un quelconque pays, si ces frais sont encourus par le vendeur aux termes du contrat de transport.

A7 Notification à l'acheteur

Le vendeur doit prévenir l'acheteur dans un délai raisonnable de la livraison de la marchandise conformément à A4, et lui donner toutes autres informations pour lui permettre de prendre les mesures normalement nécessaires pour pouvoir réceptionner la marchandise.

---

6   Voir Introduction paragraphe 14.

© 1999 Chambre de Commerce Internationale

B6 Répartition des frais

Sous réserve des dispositions de A3 a) l'acheteur doit payer :

- tous les frais afférents à la marchandise à partir du moment où elle a été livrée conformément à A4 ; et

- tous les frais et redevances afférents à la marchandise pendant le transit de celle-ci et jusqu'à son arrivée au port de destination, sauf si pareils frais et redevances sont encourus par le vendeur aux termes du contrat de transport ; et

- les frais de déchargement y compris les frais d'allège et de mise à quai, sauf si ces frais sont encourus par le vendeur aux termes du contrat de transport ; et

- faute d'effectuer la notification conformément à B7, tous les frais supplémentaires encourus de ce fait par la marchandise à partir de la date convenue ou de la date d'expiration de la période fixée pour l'embarquement, sous réserve toutefois que la marchandise ait été dûment affectée au contrat c'est-à-dire clairement mise à part ou autrement identifiée comme étant la marchandise contractuelle ; et

- le cas échéant[7], tous les droits, taxes et autres redevances ainsi que les frais pour l'accomplissement des formalités douanières qui sont exigibles lors de l'importation de la marchandise et, en cas de besoin, lors de son transit par un quelconque pays, sauf si pareils frais sont compris dans le coût tel que fixé aux termes du contrat de transport.

B7 Notification au vendeur

Lorsqu'il a le droit de déterminer à quel moment l'embarquement de la marchandise pourra intervenir et/ou le port de destination, l'acheteur doit prévenir le vendeur dans un délai raisonnable.

---

7   Voir Introduction paragraphe 14.

CFR

A8 Preuve de la livraison, document de transport ou message électronique équivalent

Le vendeur doit à ses propres frais et sans retard fournir à l'acheteur le document de transport d'usage pour le port de destination convenu.

Ce document (par exemple un connaissement négociable, une lettre de transport maritime non négociable ou un document de transport par voies navigables intérieures) doit couvrir la marchandise faisant l'objet du contrat, porter une date conforme à la période prévue pour l'embarquement, permettre à l'acheteur de réclamer la marchandise au transporteur au port de destination et, sauf dispositions contraires, permettre à l'acheteur de vendre la marchandise en transit par transfert du document à un acheteur ultérieur (connaissement négociable) ou par notification au transporteur.

Quand pareil document de transport est émis en plusieurs exemplaires originaux, un jeu complet d'originaux doit être présenté à l'acheteur.

Lorsque le vendeur et l'acheteur sont convenus de communiquer électroniquement, le document mentionné aux paragraphes précédents peut être remplacé par un message équivalent en échange de données informatisées (EDI).

A9 Vérification, emballage, marquage

Le vendeur doit payer les frais des opérations de vérification (telles que la vérification de la qualité, des dimensions, du poids, du nombre d'unités) nécessaires à la livraison de la marchandise conformément à A4.

Le vendeur doit fournir à ses propres frais l'emballage nécessaire au transport de la marchandise tel qu'organisé par ses soins (sauf s'il est d'usage dans la profession de fournir sans emballage la marchandise décrite au contrat). L'emballage doit être marqué de façon appropriée.

A10 Autres obligations

Le vendeur doit prêter à l'acheteur, à la demande de ce dernier et à ses risques et frais, toute l'assistance nécessaire pour obtenir tous documents ou messages électroniques équivalents (autres que ceux mentionnés en A8) émis ou transmis dans le pays d'expédition et/ou d'origine dont l'acheteur peut avoir besoin pour l'importation de la marchandise et, le cas échéant, pour son transit par un quelconque pays.

Le vendeur doit fournir à l'acheteur, à la demande de ce dernier, les informations nécessaires pour obtenir une assurance.

CFR

B8 Preuve de la livraison, document de transport ou message électronique équivalent

L'acheteur doit accepter le document de transport comme prévu en A8, s'il est conforme au contrat.

B9 Inspection de la marchandise

L'acheteur doit payer les frais de toute inspection avant expédition, sauf si pareille inspection est diligentée par les autorités du pays d'exportation.

B10 Autres obligations

L'acheteur doit payer tous les frais et charges encourus pour obtenir les documents ou messages électroniques équivalents mentionnés en A10, et doit rembourser ceux encourus par le vendeur pour prêter son concours conformément à cet article.

CIF
COÛT, ASSURANCE ET FRET

(... port de destination convenu)

« Coût, Assurance et Fret » signifie que le vendeur a dûment livré dès lors que la marchandise a passé le bastingage du navire au port d'embarquement.

Le vendeur doit payer les coûts et le fret nécessaires pour acheminer la marchandise jusqu'au port de destination convenu MAIS le risque de perte ou de dommage que la marchandise peut courir ainsi que tous frais supplémentaires nés d'évènements intervenant après la livraison sont transférés du vendeur à l'acheteur. Cependant, en vertu de CIF le vendeur doit aussi fournir une assurance maritime afin de couvrir l'acheteur contre le risque de perte ou de dommage que la marchandise peut courir au cours du transport. En conséquence, le vendeur conclut un contrat d'assurance et paie la prime d'assurance. L'acheteur doit noter que, selon le terme CIF, le vendeur n'est tenu de souscrire l'assurance que pour une couverture minimale[1]. Si l'acheteur souhaite obtenir une couverture d'assurance plus large, il lui faudra soit obtenir à cet effet l'accord express du vendeur soit souscrire lui-même une assurance complémentaire.

Le terme CIF fait obligation au vendeur de dédouaner la marchandise à l'exportation.

Ce terme est à utiliser exclusivement pour le transport par mer et par voies navigables intérieures. Si les parties n'entendent pas que la marchandise soit livrée au moment où elle passe le bastingage du navire, le terme CIP doit être utilisé.

---

1   Voir Introduction paragraphe 9.3.

A OBLIGATIONS DU VENDEUR

A1 Fourniture de la marchandise conformément au contrat

Le vendeur doit fournir, conformément au contrat de vente, la marchandise et la facture commerciale ou un message électronique équivalent, ainsi que toute autre preuve de conformité qui peut être requise aux termes du contrat.

A2 Licences, autorisations et formalités

Le vendeur doit obtenir à ses propres risques et frais toute licence d'exportation ou toute autre autorisation officielle et accomplir, le cas échéant[2] toutes les formalités douanières nécessaires à l'exportation de la marchandise.

A3 Contrats de transport et d'assurance

a) Contrat de transport

Le vendeur doit conclure aux conditions usuelles et à ses propres frais un contrat pour le transport de la marchandise par l'itinéraire habituel jusqu'au port de destination convenu, par un navire de haute mer (ou le cas échéant par un bateau fluvial) du type normalement utilisé pour le transport de la marchandise décrite dans le contrat.

b) Contrat d'assurance

Le vendeur doit obtenir à ses propres frais une assurance facultés conformément au contrat et à des conditions telles que l'acheteur ou toute autre personne ayant un intérêt assurable sur la marchandise ait le droit de présenter directement sa réclamation à l'assureur ; il doit fournir à l'acheteur la police d'assurance ou toute autre preuve qu'une couverture d'assurance a bien été obtenue.

L'assurance doit être souscrite auprès d'assureurs ou d'une compagnie d'assurance de bonne réputation et, sauf convention contraire expresse, doit être conforme à la garantie minimale prévue par les clauses sur facultés de l'*Institute of London Underwriters* ou par tout autre corps de clauses similaires. La durée de la garantie doit être conforme aux dispositions de B4/B5. Sur demande et aux frais de l'acheteur, le vendeur doit fournir une assurance contre les risques de guerre, grèves, émeutes et manifestations sociales s'il est possible de l'obtenir. L'assurance doit couvrir au minimum le prix prévu au contrat majoré de 10 % (soit 110 %) et doit être libellée dans la devise du contrat.

---

2   Voir Introduction paragraphe 14.

B OBLIGATIONS DE L'ACHETEUR

B1 Paiement du prix

L'acheteur doit payer le prix tel que prévu dans le contrat de vente.

B2 Licences, autorisations et formalités

L'acheteur doit obtenir à ses propres risques et frais toute licence d'importation ou toute autre autorisation officielle et accomplir, le cas échéant[3], toutes les formalités douanières nécessaires à l'importation de la marchandise et à son transit par un quelconque pays.

B3 Contrats de transport et d'assurance

a) Contrat de transport
Aucune obligation[4].

b) Contrat d'assurance
Aucune obligation[5].

---

3   Voir Introduction paragraphe 14.
4   Voir Introduction paragraphe 10.
5   Voir Introduction paragraphe 10.

A4 Livraison

Le vendeur doit livrer la marchandise à bord du navire au port d'embarquement, et ce à la date ou dans les délais convenus.

A5 Transfert des risques

Sous réserve des dispositions de B5, le vendeur doit supporter tous les risques de perte ou de dommage que la marchandise peut courir jusqu'au moment où elle a passé le bastingage du navire au port d'embarquement.

A6 Répartition des frais

Sous réserve des dispositions de B6, le vendeur doit payer :
- tous les frais afférents à la marchandise jusqu'au moment où elle a été livrée conformément à A4, ainsi que
- le fret et tous les autres frais résultant de A3 a) y compris les frais de chargement de la marchandise à bord du navire ; et
- les frais d'assurance résultant des dispositions de A3 b) ; et
- toutes les dépenses de déchargement au port de débarquement convenu si elles sont encourues par le vendeur aux termes du contrat de transport ; et
- le cas échéant[6] les frais des formalités douanières nécessaires à l'exportation ainsi que tous les droits, taxes et autres redevances exigibles à l'exportation ; et pour le transit de la marchandise par un quelconque pays si ces frais sont encourus par le vendeur aux termes du contrat de transport.

A7 Notification à l'acheteur

Le vendeur doit prévenir l'acheteur dans un délai raisonnable de la livraison de la marchandise conformément à A4, et lui donner toutes autres informations pour lui permettre de prendre les mesures normalement nécessaires pour pouvoir réceptionner la marchandise.

---

6   Voir Introduction paragraphe 14.

B4 Prise de livraison

L'acheteur doit accepter la livraison dès lors que la marchandise a été livrée conformément à A4 et la réceptionner auprès du transporteur au port de destination convenu.

B5 Transfert des risques

L'acheteur doit supporter tous les risques de perte ou de dommage que la marchandise peut courir à partir du moment où elle a passé le bastingage du navire au port d'embarquement.

Faute d'effectuer la notification conformément à B7, l'acheteur doit supporter tous les risques de perte ou de dommage que la marchandise peut courir à partir de la date convenue pour le chargement ou de la date d'expiration de toute période fixée à cet effet, sous réserve toutefois que la marchandise ait été dûment affectée au contrat, c'est-à-dire clairement mise à part ou autrement identifiée comme étant la marchandise contractuelle.

B6 Répartition des frais

Sous réserve des dispositions de A3, l'acheteur doit payer :
- tous les frais et redevances afférents à la marchandise à partir du moment où elle a été livrée conformément à A4 ; et
- tous les frais et redevances afférents à la marchandise pendant le transit de celle-ci et jusqu'à son arrivée au port de destination, sauf si pareils frais et redevances sont encourus par le vendeur aux termes du contrat de transport ; et
- les frais de déchargement y compris les frais d'allège et de mise à quai, sauf si pareils frais sont encourus par le vendeur aux termes du contrat de transport ; et
- faute d'effectuer la notification conformément à B7, tous les frais supplémentaires encourus de ce fait par la marchandise à partir de la date convenue ou de la date d'expiration de la période fixée pour l'embarquement, sous réserve toutefois que la marchandise ait été dûment affectée au contrat c'est-à-dire clairement mise à part ou autrement identifiée comme étant la marchandise contractuelle ; et
- le cas échéant[7], tous les droits, taxes et autres redevances ainsi que les frais pour l'accomplissement des formalités douanières exigibles lors de l'importation de la marchandise et, en cas de besoin, lors de son transit par un quelconque pays, sauf si ces frais sont compris dans le coût tel que fixé aux termes du contrat de transport.

B7 Notification au vendeur

Lorsqu'il a le droit de déterminer à quel moment l'expédition de la marchandise pourra intervenir et/ou le port de destination, l'acheteur doit prévenir le vendeur dans un délai raisonnable.

---

7   Voir Introduction paragraphe 14.

© 1999 Chambre de Commerce Internationale

CIF

A8 Preuve de la livraisons, document de transport ou message électronique équivalent

Le vendeur doit à ses propres frais et sans retard fournir à l'acheteur le document de transport d'usage pour le port de destination convenu.

Ce document (par exemple un connaissement négociable, une lettre de transport maritime non négociable ou un document de transport par voies navigables intérieures) doit couvrir la marchandise faisant l'objet du contrat, porter une date conforme à la période prévue pour l'embarquement, permettre à l'acheteur de réclamer la marchandise au transporteur au port de destination et, sauf dispositions contraires, permettre à l'acheteur de vendre la marchandise en transit par transfert du document à un acheteur ultérieur (connaissement négociable) ou par notification au transporteur.

Quand pareil document de transport est émis en plusieurs exemplaires originaux, un jeu complet d'originaux doit être présenté à l'acheteur.

Lorsque le vendeur et l'acheteur sont convenus de communiquer électroniquement, le document mentionné aux paragraphes précédents peut être remplacé par un message équivalent en échange de données informatisées (EDI).

A9 Vérification, emballage, marquage

Le vendeur doit payer les frais des opérations de vérification (telles que la vérification de la qualité, des dimensions, du poids, du nombre d'unités) nécessaires à la livraison de la marchandise conformément à A4.

Le vendeur doit fournir à ses propres frais l'emballage nécessaire au transport de la marchandise tel qu'organisé par ses soins (sauf s'il est d'usage dans la profession de fournir sans emballage la marchandise décrite au contrat). L'emballage doit être marqué de façon appropriée.

A10 Autres obligations

Le vendeur doit prêter à l'acheteur, à la demande de ce dernier et à ses risques et frais, toute l'assistance nécessaire pour obtenir tous documents ou messages électroniques équivalents (autres que ceux mentionnés en A8), qui ont été émis ou transmis dans le pays d'expédition et/ou d'origine et dont l'acheteur peut avoir besoin pour l'importation de la marchandise et, le cas échéant, pour son transit par un quelconque pays.

Le vendeur doit fournir à l'acheteur, à la demande de ce dernier, les informations nécessaires pour obtenir toute assurance complémentaire.

CIF

B8 Preuve de la livraison, document de transport ou message électronique équivalent

L'acheteur doit accepter le document de transport comme prévu en A8, s'il est conforme au contrat.

B9 Inspection de la marchandise

L'acheteur doit payer les frais de toute inspection avant expédition, sauf si pareille inspection est diligentée par les autorités du pays d'exportation.

B10 Autres obligations

L'acheteur doit payer tous les frais et charges encourus pour obtenir les documents ou messages électroniques équivalents mentionnés en A10, et doit rembourser ceux encourus par le vendeur pour prêter son concours conformément à cet article.

L'acheteur doit fournir au vendeur à la demande de ce dernier les informations nécessaires pour obtenir une assurance.

CPT
PORT PAYÉ JUSQU'À

(... lieu de destination convenu)

« Port payé jusqu'à » signifie que le vendeur a dûment livré dès lors qu'il a mis la marchandise à la disposition du transporteur nommé par ses soins ; cependant le vendeur doit en outre payer les frais de transport pour l'acheminement de la marchandise jusqu'au lieu de destination convenu. Il s'ensuit que l'acheteur doit assumer tous les risques et tous les autres frais encourus par la marchandise postérieurement à sa livraison comme indiqué ci-dessus.

Le mot « Transporteur » désigne toute personne qui s'engage, en vertu d'un contrat de transport, à effectuer ou à faire effectuer un transport par rail, route, air, mer, voies navigables intérieures ou par une combinaison de ces différents modes.

En cas de recours à des transporteurs successifs pour assurer le transport jusqu'au lieu de destination convenu, le risque est transféré dès la remise de la marchandise au premier transporteur.

Le terme CPT exige que le vendeur dédouane la marchandise à l'exportation.

Ce terme peut être utilisé quel que soit le mode de transport y compris en transport multimodal.

A OBLIGATIONS DU VENDEUR

A1 Fourniture de la marchandise conformément au contrat

Le vendeur doit fournir, conformément au contrat de vente, la marchandise et la facture commerciale ou un message électronique équivalent, ainsi que toute autre preuve de conformité qui peut être requise aux termes du contrat.

A2 Licences, autorisations et formalités

Le vendeur doit obtenir à ses propres risques et frais toute licence d'exportation ou tout autre autorisation officielle et accomplir, le cas échéant[1], toutes les formalités douanières à l'exportation de la marchandise.

A3 Contrats de transport et d'assurance

a) Contrat de transport

Le vendeur doit conclure aux conditions usuelles et à ses propres frais un contrat pour le transport de la marchandise, par l'itinéraire habituel et selon les usages, jusqu'à l'endroit convenu au lieu de destination convenu. Si aucun endroit n'est convenu ou déterminé par l'usage, le vendeur peut choisir l'endroit qui lui convient le mieux au lieu de destination convenu.

b) Contrat d'assurance
Aucune obligation[2].

A4 Livraison

Le vendeur doit mettre la marchandise à la disposition du transporteur retenu contractuellement en conformité avec A3, ou du premier transporteur s'il y a des transporteurs successifs, et ce pour le transport jusqu'à l'endroit convenu au lieu convenu, à la date ou dans les délais convenus.

A5 Transfert des risques

Sous réserve des dispositions de B5, le vendeur doit supporter tous les risques de perte ou de dommage que la marchandise peut courir jusqu'au moment où elle a été livrée conformément à A4.

---

1   Voir Introduction paragraphe 14.
2   Voir Introduction paragraphe 10.

CPT

B OBLIGATIONS DE L'ACHETEUR

B1 Paiement du prix
L'acheteur doit payer le prix tel que prévu dans le contrat de vente.

B2 Licences, autorisations et formalités
L'acheteur doit obtenir à ses propres risques et frais toute licence d'importation ou toute autre autorisation officielle et accomplir, le cas échéant[3], toutes les formalités douanières pour l'importation de la marchandise et pour son transit par un quelconque pays.

B3 Contrat de transport et d'assurance
a) Contrat de transport
Aucune obligation[4].

b) Contrat d'assurance
Aucune obligation[5].

B4 Prise de livraison
L'acheteur doit accepter la livraison de la marchandise dès que celle-ci a été livrée conformément à A4, et la réceptionner auprès du transporteur au lieu convenu.

B5 Transfert des risques
L'acheteur doit supporter tous les risques de perte ou de dommage que la marchandise peut courir à partir du moment où elle a été livrée conformément à A4.

Faute d'effectuer la notification conformément à B7, l'acheteur doit supporter tous les risques que la marchandise peut courir à partir de la date convenue pour prendre livraison ou de la date d'expiration de toute période fixée à cet effet, sous réserve toutefois que la marchandise ait été dûment affectée au contrat, c'est-à-dire clairement mise à part ou autrement identifiée comme étant la marchandise contractuelle.

---

3   Voir Introduction paragraphe 14.
4   Voir Introduction paragraphe 10.
5   Voir Introduction paragraphe 10.

CPT

A6   Répartition des frais

Sous réserve des dispositions de B6, le vendeur doit payer :

- tous les frais afférents à la marchandise jusqu'au moment où elle a été livrée conformément à A4, ainsi que le fret et tous les autres frais résultant de A3 a), y compris les frais de chargement de la marchandise et toutes dépenses pour son déchargement au lieu de destination si elles sont encourues par le vendeur aux termes du contrat de transport ; et

- le cas échéant[6], les frais des formalités douanières nécessaires à l'exportation ainsi que tous les droits, taxes ou autres redevances exigibles à l'exportation et, pour le transit de la marchandise par un quelconque pays si ces frais sont encourus par le vendeur aux termes du contrat de transport.

A7   Notification à l'acheteur

Le vendeur doit prévenir l'acheteur dans un délai raisonnable de la livraison de la marchandise conformément à A4, et lui donner toutes autres informations pour lui permettre de prendre les mesures normalement nécessaires pour pouvoir réceptionner la marchandise.

A8   Preuve de la livraison, document de transport ou message électronique équivalent

Le vendeur doit à ses propres frais fournir à l'acheteur, si c'est l'usage, le ou les documents de transport usuels (par exemple un connaissement négociable, une lettre de transport maritime non négociable, un document de transport par voies navigables intérieures, une lettre de transport aérien, une lettre de voiture ferroviaire, une lettre de voiture routière, ou un document de transport multimodal), et ce pour le transport contractuel conformément à A3.

Lorsque le vendeur et l'acheteur sont convenus de communiquer électroniquement, le document mentionné au paragraphe précédent peut être remplacé par un message équivalent en échange de données informatisées (EDI).

---

6   Voir Introduction paragraphe 14.

B6 Répartition des frais

Sous réserve des dispositions de A3 a) l'acheteur doit payer :

- tous les frais afférents à la marchandise à partir du moment où elle a été livrée conformément à A4 ; et
- tous les frais et redevances afférents à la marchandise pendant le transit de celle-ci et jusqu'à son arrivée au lieu de destination convenu, sauf si pareils frais et redevances sont encourus par le vendeur aux termes du contrat de transport ; et
- les frais de déchargement sauf si pareils frais et redevances sont encourus par le vendeur aux termes du contrat de transport ; et
- faute d'effectuer la notification conformément à B7, tous les frais supplémentaires encourus de ce fait par la marchandise à partir de la date convenue pour l'expédition ou de la date d'expiration de toute période fixée pour l'expédition, sous réserve toutefois que la marchandise ait été dûment affectée au contrat, c'est-à-dire clairement mise à part ou autrement identifiée comme étant la marchandise contractuelle ; et
- le cas échéant[7], tous droits, taxes et autres redevances ainsi que les frais pour l'accomplissement des formalités douanières exigibles lors de l'importation de la marchandise et lors de son transit par un quelconque pays sauf si pareils frais sont compris dans le coût tel que fixé aux termes du contrat de transport.

B7 Notification au vendeur

Lorsqu'il a le droit de déterminer à quel moment l'expédition de la marchandise pourra intervenir et/ou la destination, l'acheteur doit prévenir le vendeur dans un délai raisonnable.

B8 Preuve de la livraison, document de transport ou message électronique équivalent

L'acheteur doit accepter le document de transport comme prévu en A8, s'il est conforme au contrat.

---

7   Voir Introduction paragraphe 14.

A9 Vérification, emballage, marquage

Le vendeur doit payer les frais des opérations de vérification (telles que la vérification de la qualité, des dimensions, du poids, du nombre d'unités) nécessaires à la livraison de la marchandise conformément à A4.

Le vendeur doit fournir à ses propres frais l'emballage nécessaire au transport de la marchandise tel qu'organisé par ses soins (sauf s'il est d'usage dans la profession de fournir sans emballage la marchandise décrite au contrat). L'emballage doit être marqué de façon appropriée.

A10 Autres obligations

Le vendeur doit prêter à l'acheteur, à la demande de ce dernier et à ses risques et frais, toute l'assistance nécessaire pour obtenir tous documents ou messages électroniques équivalents (autres que ceux mentionnés en A8), qui ont été émis ou transmis dans le pays d'expédition et/ou d'origine et dont l'acheteur peut avoir besoin pour l'importation de la marchandise et pour son transit par un quelconque pays.

Le vendeur doit fournir à l'acheteur, à la demande de ce dernier, les informations nécessaires pour obtenir une assurance.

CPT

B9 Inspection de la marchandise

L'acheteur doit payer les frais de toute inspection avant expédition, sauf si pareille inspection est diligentée par les autorités du pays d'exportation.

B10 Autres obligations

L'acheteur doit payer tous les frais et charges encourus pour obtenir les documents ou messages électroniques équivalents mentionnés sous A10 et doit rembourser ceux encourus par le vendeur pour prêter son concours conformément à cet article.

CIP

PORT PAYÉ, ASSURANCE COMPRISE, JUSQU'À

(... lieu de destination convenu)

Le terme « Port payé, Assurance comprise, jusqu'à » signifie que le vendeur a dûment livré dès lors qu'il a mis la marchandise à la disposition du transporteur nommé par ses soins; cependant, le vendeur doit en outre payer les frais de transport pour l'acheminement de la marchandise jusqu'au lieu de destination convenu. Il s'ensuit que l'acheteur doit assumer tous les risques et tous les frais additionnels encourus par la marchandise postérieurement à sa livraison comme indiqué ci-dessus. Toutefois lorsque le terme CIP est choisi, le vendeur doit également fournir une assurance couvrant pour l'acheteur le risque de perte ou de dommage que la marchandise peut courir pendant le transport.

En conséquence, le vendeur conclut un contrat d'assurance et paie la prime d'assurance. L'acheteur doit noter que selon le terme CIP le vendeur n'est tenu de souscrire l'assurance que pour une converture minimale[1]. Si l'acheteur souhaite être protégé par une couverture d'assurance plus large, il lui faudra soit obtenir à cet effet l'accord express du vendeur, soit souscrire lui-même une assurance complémentaire.

Le terme « transporteur » désigne toute personne qui s'engage, en vertu d'un contrat de transport, à effectuer ou à faire effectuer un transport par rail, route, air, mer, voies navigables intérieures ou par une combinaison de ces différents modes de transport.

En cas de recours à des transporteurs successifs pour assurer le transport jusqu'au lieu de destination convenu, le risque est transféré dès la remise de la marchandise au premier transporteur.

Le terme CIP exige que le vendeur dédouane la marchandise à l'exportation.

Ce terme peut être utilisé quel que soit le mode de transport y compris en transport multimodal.

---

1   Voir Introduction paragraphe 9.3.

CIP

A OBLIGATIONS DU VENDEUR

A1 Fourniture de la marchandise conformément au contrat

Le vendeur doit fournir, conformément au contrat de vente, la marchandise et la facture commerciale ou un message électronique équivalent, ainsi que toute autre preuve de conformité qui peut être requise aux termes du contrat.

A2 Licences, autorisations et formalités

Le vendeur doit obtenir à ses propres risques et frais toute licence d'exportation ou toute autre autorisation officielle et accomplir, le cas échéant[2] toutes les formalités douanières nécessaires à l'exportation de la marchandise.

A3 Contrats de transport et d'assurance

a) Contrat de transport

Le vendeur doit conclure, aux conditions usuelles et à ses propres frais, un contrat pour le transport de la marchandise par l'itinéraire habituel et selon les usages, jusqu'à l'endroit convenu au lieu de destination convenu. Si aucun endroit n'est convenu ou déterminé par l'usage, le vendeur peut choisir l'endroit qui lui convient le mieux au lieu de destination convenu.

b) Contrat d'assurance

Le vendeur doit obtenir à ses propres frais une assurance sur facultés conformément au contrat et à des conditions telles que l'acheteur ou toute autre personne ayant un intérêt assurable sur la marchandise ait le droit de présenter directement sa réclamation à l'assureur ; il doit fournir à l'acheteur la police d'assurance ou toute autre preuve qu'une couverture d'assurance a bien été obtenue.

L'assurance doit être souscrite auprès d'assureurs ou d'une compagnie d'assurance de bonne réputation et, sauf convention contraire expresse, doit être conforme à la garantie minimale prévue par les clauses sur facultés de l'*Institute of London Underwriters* ou par tout autre corps de clauses similaires. La durée de la garantie doit être conforme aux dispositions de B5 et B4. Sur demande et aux frais de l'acheteur, le vendeur devra fournir une assurance contre les risques de guerre, grèves, émeutes et manifestations sociales, s'il est possible de l'obtenir. L'assurance doit couvrir au mimimum le prix prévu au contrat majoré de 10 % (soit 110 %) et doit être libellée dans la devise du contrat.

---

2   Voir Introduction paragraphe 14.

B OBLIGATIONS DE L'ACHETEUR

B1 Paiement du prix

L'acheteur doit payer le prix tel que prévu dans le contrat de vente.

B2 Licences, autorisations et formalités

L'acheteur doit obtenir à ses propres risques et frais toute licence d'importation ou toute autre autorisation officielle et accomplir, le cas échéant[3], toutes les formalités douanières pour l'importation de la marchandise et, si nécessaire, pour le transit de celle-ci par un quelconque pays.

B3 Contrats de transport et d'assurance

a) Contrat de transport
Aucune obligation[4].

b) Contrat d'assurance
Aucune obligation[5].

---

3   Voir Introduction paragraphe 14.
4   Voir Introduction paragraphe 10.
5   Voir Introduction paragraphe 10.

A4 Livraison

Le vendeur doit mettre la marchandise à la disposition du transporteur partie au contrat visé en A3 ou du premier transporteur s'il y a des transporteurs successifs, et ce pour le transport jusqu'à l'endroit convenu au lieu de destination convenu, à la date ou dans les délais convenus.

A5 Transfert des risques

Sous réserve des dispositions de B5, le vendeur doit supporter tous les risques de perte ou de dommage que la marchandise peut courir jusqu'au moment où elle a été livrée conformément à A4.

A6 Répartition des frais

Sous réserve des dispositions de B6, le vendeur doit payer :
• tous les frais liés à la marchandise jusqu'au moment où elle a été livrée conformément à A4, ainsi que le fret et tous autres frais résultant de A3 a), y compris les frais de chargement de la marchandise et toutes dépenses pour son déchargement au lieu de destination si elles sont encourues par le vendeur aux termes du contrat de transport ; et
• les frais d'assurance résultant de A3 b) ; et
• le cas échéant[6] les frais des formalités douanières nécessaires à l'exportation ainsi que tous les droits, taxes et autres redevances exigibles à l'exportation et pour le transit de la marchandise par un quelconque pays, si ces frais sont encourus par le vendeur aux termes du contrat de transport.

A7 Notification à l'acheteur

Le vendeur doit prévenir l'acheteur dans un délai raisonnable de la livraison de la marchandise conformément à A4, et lui donner également toutes autres informations pour lui permettre de prendre les mesures normalement nécessaires pour pouvoir réceptionner la marchandise.

6   Voir Introduction paragraphe 14.

B4 Prise de livraison

L'acheteur doit accepter la livraison de la marchandise dès que celle-ci a été livrée conformément à A4 et la réceptionner auprès du transporteur au lieu convenu.

B5 Transfert des risques

L'acheteur doit supporter tous les risques de perte ou de dommage que la marchandise peut courir à partir du moment où elle a été livrée conformément à A4.

Faute d'effectuer la notification conformément à B7, l'acheteur doit supporter tous les risques que la marchandise peut courir à partir de la date convenue pour prendre livraison ou de la date d'expiration de toute période fixée pour la livraison, sous réserve toutefois que la marchandise ait été dûment affectée au contrat, c'est-à-dire nettement mise à part ou autrement identifiée comme étant la marchandise contractuelle.

B6 Répartition des frais

Sous réserve des dispositions de A3 a) l'acheteur doit payer :
- tous les frais afférents à la marchandise à partir du moment où elle a été livrée conformément à A4 ; et
- tous les frais et redevances afférents à la marchandise pendant le transit de celle-ci et jusqu'à son arrivée au lieu de destination convenu, sauf si pareils frais et redevances sont encourus par le vendeur aux termes du contrat de transport ; et
- les frais de déchargement sauf si pareils frais et redevances sont encourus par le vendeur aux termes du contrat de transport ; et
- faute d'effectuer la notification conformément à B7, tous les frais additionnels encourus de ce fait pour la marchandise à partir de la date convenue pour l'expédition ou de la date d'expiration de toute période fixée pour la livraison, sous réserve toutefois que la marchandise ait été dûment affectée au contrat, c'est-à-dire clairement mise à part ou autrement identifiée comme étant la marchandise contractuelle ; et
- le cas échéant[7], tous droits, taxes et autres redevances, ainsi que les frais pour l'accomplissement des formalités douanières exigibles lors de l'importation de la marchandise et lors de son transit par un quelconque pays sauf si pareils frais sont compris dans le coût tel que fixé aux termes du contrat de transport.

B7 Notification au vendeur

Lorsqu'il a le droit de déterminer à quel moment l'expédition de la marchandise pourra intervenir et/ou la destination, l'acheteur doit prévenir le vendeur dans un délai raisonnable.

---

7   Voir Introduction paragraphe 14.

© 1999 Chambre de Commerce Internationale

A8 Preuve de la livraison, document de transport ou message électronique équivalent

Le vendeur doit, à ses propres frais, fournir à l'acheteur, si c'est l'usage, le ou les documents de transport usuels pour le transport contractuel conformément à A3 (par exemple un connaissement négociable, une lettre de transport maritime non négociable, un document de transport par voies navigables intérieures, une lettre de transport aérien, une lettre de voiture ferroviaire, une lettre de voiture routière ou un document de transport multimodal).

Lorsque le vendeur et l'acheteur sont convenus de communiquer électroniquement, le document mentionné au paragraphe précédent peut être remplacé par un message équivalent en échange de données informatisées (EDI).

A9 Vérification, Emballage, Marquage

Le vendeur doit payer les frais de toutes les opérations de vérification (telles que la vérification de la qualité, des dimensions, du poids, du nombre d'unités) nécessaires à la livraison de la marchandise conformément à A4.

Le vendeur doit fournir à ses propres frais l'emballage nécessaire au transport de la marchandise tel que prévu par lui (sauf s'il est d'usage dans la profession de fournir sans emballage la marchandise décrite au contrat). L'emballage doit être marqué de façon appropriée.

A10 Autres obligations

Le vendeur doit prêter à l'acheteur, à la demande de ce dernier et à ses risques et frais, toute l'assistance nécessaire pour obtenir tous documents ou messages électroniques équivalents (autres que ceux mentionnés en A8), qui ont été émis ou transmis dans le pays d'expédition et/ou d'origine et dont l'acheteur peut avoir besoin pour l'importation de la marchandise et pour son transit par un quelconque pays.

Le vendeur doit fournir à l'acheteur, à la demande de ce dernier, les informations nécessaires pour obtenir toute assurance complémentaire.

B8 Preuve de la livraison, document de transport ou message électronique équivalent

L'acheteur doit accepter le document de transport conformément à A8, s'il est conforme au contrat.

B9 Inspection de la marchandise

L'acheteur doit payer les frais de toute inspection avant expédition, sauf si pareille inspection est diligentée par les autorités du pays d'exportation.

B10 Autres obligations

L'acheteur doit payer tous frais et charges encourus pour obtenir les documents ou messages électroniques équivalents mentionnés en A10 et rembourser ceux encourus par le vendeur pour prêter son assistance conformément à cet article.

L'acheteur doit fournir au vendeur, à la demande de ce dernier, les informations nécessaires pour obtenir toute assurance complémentaire.

© 1999 Chambre de Commerce Internationale

DAF
RENDU FRONTIÈRE
(... lieu convenu)

« Rendu frontière » signifie que le vendeur a dûment livré dès lors que la marchandise a été mise à la disposition de l'acheteur à l'endroit convenu et au lieu frontalier convenu , mais avant la frontière douanière du pays adjacent, sur le véhicule de transport d'approche non déchargé, la marchandise étant dédouanée à l'exportation mais non dédouanée à l'importation. Le mot « frontière » peut être utilisé pour toute frontière y compris celle du pays d'exportation. Il est donc d'une importance capitale de définir avec précision la frontière en cause, en indiquant toujours à la suite du terme DAF l'endroit et le lieu convenus.

Cependant si les parties souhaitent que le vendeur assume la responsabilité de décharger la marchandise à l'arrivée du véhicule de transport et de supporter les risques et frais du déchargement, elles doivent l'indiquer clairement en ajoutant une mention expresse à cet effet dans le contrat de vente[1].

Le terme DAF peut être utilisé quel que soit le mode de transport lorsque la marchandise est à livrer à une frontière terrestre. Si la livraison doit se faire au port de destination, à bord d'un navire ou sur le quai, ce sont les termes DES ou DEQ qu'il convient d'utiliser.

---

1   Voir Introduction paragraphe 11.

DAF

A OBLIGATIONS DU VENDEUR

A1 Fourniture de la marchandise conformément au contrat

Le vendeur doit fournir conformément au contrat de vente, la marchandise et la facture commerciale ou un message électronique équivalent, ainsi que toute autre preuve de conformité qui peut être requise aux termes du contrat.

A2 Licences, autorisations et formalités

Le vendeur doit obtenir à ses propres risques et frais toute licence d'exportation ou autre autorisation officielle ou tout autre document nécessaire pour mettre la marchandise à la disposition de l'acheteur.

Le vendeur doit accomplir, le cas échéant[2], toutes les formalités douanières nécessaires à l'exportation de la marchandise jusqu'au lieu de livraison convenu à la frontière et à son transit par un quelconque pays.

A3 Contrats de transport et d'assurance

a) Contrat de transport
i) Le vendeur doit conclure à ses propres frais un contrat pour le transport de la marchandise jusqu'au lieu de livraison à la frontière et jusqu'à l'endroit convenu s'il y en a un. Si aucun endroit au lieu de livraison convenu à la frontière n'a été précisé ou déterminé par l'usage, le vendeur peut choisir l'endroit qui lui convient le mieux au lieu de livraison convenu.
ii) Cependant, à la demande de l'acheteur, le vendeur peut accepter de conclure un contrat – selon les conditions usuelles et aux risques et frais de l'acheteur – pour le transport subséquent de la marchandise au-delà du lieu frontalier convenu et jusqu'à la destination finale dans le pays d'importation désigné par l'acheteur. Le vendeur peut refuser de conclure un tel contrat et, s'il en est ainsi, il doit notifier promptement son refus à l'acheteur.

b) Contrat d'assurance
Aucune obligation[3].

A4 Livraison

Le vendeur doit mettre la marchandise à la disposition de l'acheteur sur le véhicule de transport d'approche non déchargé, au lieu de livraison convenu à la frontière, à la date ou dans les délais convenus.

---

2   Voir Introduction paragraphe 14.
3   Voir Introduction paragraphe 10.

B **OBLIGATIONS DE L'ACHETEUR**

B1 **Paiement du prix**

L'acheteur doit payer le prix tel que prévu dans le contrat de vente.

B2 **Licences, autorisations et formalités**

L'acheteur doit obtenir à ses propres risques et frais toute licence d'importation ou toute autre autorisation officielle ou tout autre document et accomplir, le cas échéant[4], toutes les formalités douanières pour l'importation de la marchandise et pour son transport ultérieur.

B3 **Contrats de transport et d'assurance**

a) Contrat de transport
Aucune obligation[5].

b) Contrat d'assurance
Aucune obligation[6].

B4 **Prise de livraison**

L'acheteur doit prendre livraison de la marchandise dès lors que celle-ci a été livrée conformément à A4.

---

4   Voir Introduction paragraphe 14.
5   Voir Introduction paragraphe 10.
6   Voir Introduction paragraphe 10.

A5 Transfert des risques

Sous réserve des dispositions de B5, le vendeur doit supporter tous les risques de perte ou de dommage que la marchandise peut courir jusqu'au moment où elle a été livrée conformément à A4.

A6 Répartition des frais

Sous réserve des dispositions de B6, le vendeur doit payer :
- outre les frais résultant de A3 a) tous les frais afférents à la marchandise jusqu'au moment où elle a été livrée conformément à A4 ; et
- le cas échéant[7], les frais des formalités douanières nécessaires à l'exportation ainsi que tous les droits, taxes ou autres redevances exigibles à l'exportation de la marchandise et pour son transit par un quelconque pays avant la livraison conformément à A4.

A7 Notification à l'acheteur

Le vendeur doit prévenir l'acheteur dans un délai raisonnable de l'expédition de la marchandise au lieu convenu à la frontière et lui donner toutes autres informations pour lui permettre de prendre les mesures normalement nécessaires pour pouvoir réceptionner la marchandise.

---

7 Voir Introduction paragraphe 14.

B5 Transfert des risques

L'acheteur doit supporter tous les risques de perte et de dommage que la marchandise peut courir à partir du moment où elle a été livrée conformément à A4.

Faute d'effectuer la notification conformément à B7, l'acheteur doit supporter tous les risques de perte ou de dommage que la marchandise peut courir à partir de la date convenue pour prendre livraison ou de la date d'expiration de toute période fixée à cet effet, sous réserve toutefois que la marchandise ait été dûment affectée au contrat, c'est-à-dire clairement mise à part ou autrement identifiée comme étant la marchandise contractuelle.

B6 Répartition des frais

L'acheteur doit payer :
- tous les frais afférents à la marchandise à partir du moment où elle a été livrée conformément à A4, y compris les frais de déchargement nécessaires pour prendre livraison de la marchandise à l'arrivée du véhicule de transport, au lieu de livraison convenu à la frontière ; et
- faute de prendre livraison de la marchandise mise à sa disposition conformément à A4 ou d'effectuer la notification conformément à B7, tous les frais additionnels encourus de ce fait, sous réserve toutefois que la marchandise ait été dûment affectée au contrat, c'est-à-dire clairement mise à part ou autrement identifiée comme étant la marchandise contractuelle ; et
- le cas échéant[8], les frais des formalités douanières ainsi que tous droits, taxes et autres redevances exigibles lors de l'importation de la marchandise et lors de son transport ultérieur.

B7 Notification au vendeur

Lorsqu'il a le droit de déterminer à quel moment au cours de la période stipulée la livraison pourra intervenir et/ou l'endroit de livraison au lieu convenu, le vendeur doit prévenir l'acheteur dans un délai raisonnable.

---

8   Voir Introduction paragraphe 14.

A8 Preuve de la livraison, document de transport ou message électronique équivalent

i) Le vendeur doit fournir à l'acheteur, aux frais du vendeur, le document usuel ou toute autre preuve de la livraison de la marchandise au lieu convenu à la frontière conformément à A3 a) i).
ii) Si les parties conviennent d'un transport subséquent au-delà de la frontière conformément à A3 a) ii), le vendeur doit fournir à l'acheteur, à la demande de ce dernier et à ses risques et frais, le document de transport de porte à porte normalement obtenu dans le pays d'expédition pour le transport de la marchandise aux conditions usuelles, depuis le point de départ dans ce pays jusqu'au lieu de destination finale dans le pays d'importation désigné par l'acheteur.

Lorsque le vendeur et l'acheteur sont convenus de communiquer électroniquement, le document mentionné au paragraphe précédent peut être remplacé par un message équivalent en échange de données informatisées (EDI).

A9 Vérification, emballage, marquage

Le vendeur doit payer les frais des opérations de vérification (telles que la vérification de la qualité, des dimensions, du poids, du nombre d'unités) nécessaires à la livraison de la marchandise conformément à A4.

Le vendeur doit fournir à ses propres frais l'emballage nécessaire à la livraison de la marchandise à la frontière et à son transport ultérieur (sauf s'il est d'usage dans la profession de fournir sans emballage la marchandise décrite dans le contrat), pour autant que les conditions de transport (par exemple modalités, destination) soient communiquées au vendeur avant la conclusion du contrat de vente. L'emballage doit être marqué de façon appropriée.

A10 Autres obligations

Le vendeur doit prêter à l'acheteur, à la demande de ce dernier et à ses risques et frais, toute l'assistance nécessaire pour obtenir tous documents ou messages électroniques équivalents (autres que ceux mentionnés en A8), qui ont été émis ou transmis dans le pays d'expédition et/ou d'origine et dont l'acheteur peut avoir besoin pour l'importation de la marchandise et, le cas échéant, pour son transit par un quelconque pays.

Le vendeur doit fournir à l'acheteur, à la demande de ce dernier, les informations nécessaires pour obtenir une assurance.

DAF

B8 Preuve de la livraison, document de transport ou message électronique équivalent

L'acheteur doit accepter le document de transport et/ou toute autre preuve de la livraison conformément à A8.

B9 Inspection de la marchandise

L'acheteur doit payer les frais de toute inspection avant expédition, sauf si pareille inspection est diligentée par les autorités du pays d'exportation.

B10 Autres obligations

L'acheteur doit payer la totalité des frais et charges encourus pour obtenir les documents ou messages électroniques équivalents mentionnés en A10, et doit rembourser ceux encourus par le vendeur pour prêter son concours conformément à cet article.

Si nécessaire suivant A3 a) ii), l'acheteur doit fournir au vendeur, à la demande de ce dernier et aux risques et frais de l'acheteur, les autorisations liées au contrôle des changes, permis, autres documents ou copies certifiées conformes de ces documents, ou l'adresse de la destination finale de la marchandise dans le pays d'importation, et ce afin d'obtenir le document de transport de porte à porte ou tout autre document visé en A8 ii).

DES
RENDU EX SHIP

(... port de destination convenu)

« Rendu Ex ship » signifie que le vendeur a dûment livré dès lors que la marchandise non dédouanée à l'importation, a été mise à la disposition de l'acheteur à bord du navire au port de destination convenu. Le vendeur doit supporter tous les frais et risques inhérents à l'acheminement de la marchandise avant son déchargement au port de destination convenu. Si les parties souhaitent que le vendeur assume les frais et risques du déchargement de la marchandise, c'est le terme DEQ qu'il convient d'utiliser.

Ce terme peut seulement être utilisé lorsque la marchandise doit être livrée sur un navire au port de destination, après un transport par mer, par voies navigables intérieures ou par transport multimodal.

A OBLIGATIONS DU VENDEUR

A1 Fourniture de la marchandise conformément au contrat

Le vendeur doit fournir, conformément au contrat de vente, la marchandise et la facture commerciale ou un message électronique équivalent, ainsi que toute autre preuve de conformité qui peut être requise aux termes du contrat.

A2 Licences, autorisations et formalités

Le vendeur doit obtenir à ses propres risques et frais toute licence d'exportation ou autre autorisation officielle ou tout autre document et accomplir, le cas échéant[1], toutes les formalités douanières nécessaires à l'exportation de la marchandise et à son transit par un quelconque pays.

A3 Contrats de transport et d'assurance

a) Contrat de transport
Le vendeur doit conclure à ses propres frais un contrat pour le transport de la marchandise jusqu'à l'endroit convenu, s'il y en a un, au port de destination convenu. Si aucun endroit n'est convenu ou déterminé par l'usage, le vendeur peut choisir l'endroit qui lui convient le mieux au port de destination convenu.

b) Contrat d'assurance
Aucune obligation[2].

A4 Livraison

Le vendeur doit mettre la marchandise à la disposition de l'acheteur à bord du navire à l'endroit de déchargement mentionné en A3 a), au port de destination convenu, à la date ou dans les délais convenus, de telle façon que la marchandise puisse être enlevée du navire par des moyens de déchargement appropriés à la nature de la marchandise.

A5 Transfert des risques

Sous réserve des dispositions de B5, le vendeur doit supporter tous les risques de perte ou de dommage que la marchandise peut courir jusqu'au moment où elle a été livrée conformément à A4.

---

1 Voir Introduction paragraphe 14.
2 Voir Introduction paragraphe 10.

B OBLIGATIONS DE L'ACHETEUR

B1 Paiement du prix
L'acheteur doit payer le prix tel que prévu dans le contrat de vente.

B2 Licences, autorisations et formalités
L'acheteur doit obtenir à ses propres risques et frais toute licence d'importation ou autre autorisation officielle et accomplir, le cas échéant[3], toutes les formalités douanières nécessaires à l'importation de la marchandise.

B3 Contrats de transport et d'assurance
a) Contrat de transport
Aucune obligation[4].

b) Contrat d'assurance
Aucune obligation[5].

B4 Prise de livraison
L'acheteur doit prendre livraison de la marchandise dès lors que celle-ci a été livrée conformément à A 4.

B5 Transfert des risques
L'acheteur doit supporter tous les risques de perte ou de dommage que la marchandise peut courir à partir du moment où elle a été livrée conformément à A4.

Faute d'effectuer la notification conformément à B7, l'acheteur doit supporter tous les risques de perte ou de dommage que la marchandise peut courir à partir de la date convenue ou de la date d'expiration de la période fixée pour la livraison, sous réserve toutefois que la marchandise ait été dûment affectée au contrat, c'est-à-dire clairement mise à part ou autrement identifiée comme étant la marchandise contractuelle.

---

3   Voir Introduction paragraphe 14.
4   Voir Introduction paragraphe 10.
5   Voir Introduction paragraphe 10.

A6 Répartition des frais

Sous réserve des dispositions de B6, le vendeur doit payer :

- en plus des frais résultant de A3 a) tous les frais afférents à la marchandise jusqu'au moment où elle est livrée conformément à A4 ; et
- le cas échéant[6], les frais des formalités douanières nécessaires à l'exportation ainsi que tous les droits, taxes et autres redevances exigibles à l'exportation de la marchandise et pour son transit par un quelconque pays avant la livraison conformément à A4.

A7 Notification à l'acheteur

Le vendeur doit prévenir l'acheteur dans un délai raisonnable du moment probable d'arrivée du navire convenu conformément à A4 et effectuer toute autre notification nécessaire pour lui permettre de prendre livraison de la marchandise.

A8 Preuve de la livraison, document de transport ou message électronique équivalent

Le vendeur doit, à ses propres frais, fournir à l'acheteur le bon de livraison et/ou le document de transport usuel (par exemple un connaissement négociable, une lettre de transport maritime non négociable, un document de transport par voies navigables intérieures, ou un document de transport multimodal) qui permettra à l'acheteur de réclamer la marchandise au transporteur au port de destination.

Lorsque le vendeur et l'acheteur sont convenus de communiquer électroniquement, le document mentionné au paragraphe précédent peut être remplacé par un message équivalent en échange de données informatisées (EDI).

A9 Vérification, emballage, marquage

Le vendeur doit payer les frais des opérations de vérification (telles que la vérification de la qualité, des dimensions, du poids, du nombre d'unités), nécessaires à la livraison de la marchandise conformément à A4.

Le vendeur doit fournir à ses propres frais l'emballage nécessaire à la livraison de la marchandise (sauf s'il est d'usage dans la profession de fournir sans emballage la marchandise décrite au contrat). L'emballage doit être marqué de façon appropriée.

---

6   Voir Introduction paragraphe 14.

B 6 Répartition des frais

L'acheteur doit payer :

- tous les frais afférents à la marchandise à partir du moment où elle a été livrée conformément à A4, y compris les frais afférents aux opérations de déchargement du navire qui sont requises pour prendre livraison de la marchandise ; et
- tous les frais additionnels encourus s'il ne prend pas livraison de la marchandise quand elle a été mise à sa disposition conformément à A4, ou s'il n'effectue pas la notification conformément à B7, sous réserve toutefois que la marchandise ait été dûment affectée au contrat, c'est à dire clairement mise à part ou autrement identifiée comme étant la marchandise contractuelle ; et
- le cas échéant[7], les frais pour l'accomplissement des formalités douanières ainsi que tous les droits, taxes et autres redevances exigibles à l'importation de la marchandise.

B7 Notification au vendeur

Lorsqu'il a le droit de déterminer à quel moment au cours de la période stipulée la prise de livraison pourra intervenir et/ou le lieu de livraison au port de destination convenu, l'acheteur doit prévenir le vendeur dans un délai raisonnable.

B8 Preuve de la livraison, document de transport ou message électronique équivalent

L'acheteur doit accepter le bon de livraison ou le document de transport conformément à A8.

B9 Inspection de la marchandise

L'acheteur doit payer les frais de toute inspection avant expédition, sauf si pareille inspection a été diligentée par les autorités du pays d'exportation

---

7   Voir Introduction paragraphe 14.

© 1999 Chambre de Commerce Internationale

A10 Autres obligations

Le vendeur doit prêter à l'acheteur, à la demande de ce dernier et à ses risques et frais, toute l'assistance nécessaire pour obtenir tous documents ou messages électroniques équivalents (autres que ceux mentionnés en A8) qui ont été émis ou transmis dans le pays d'expédition et/ou d'origine et dont l'acheteur peut avoir besoin pour l'importation de la marchandise.

Le vendeur doit fournir à l'acheteur, à la demande de ce dernier, les informations nécessaires pour obtenir une assurance.

B10 Autres obligations

L'acheteur doit payer tous les frais et charges encourus pour obtenir les documents ou messages électroniques équivalents mentionnés en A10 et doit rembourser ceux encourus par le vendeur pour prêter son concours conformément à cet article.

DEQ
RENDU À QUAI
(... port de destination convenu)

« Rendu à quai » signifie que le vendeur a dûment livré dès lors que la marchandise, non dédouanée à l'importation, a été mise à la disposition de l'acheteur au port de destination convenu. Le vendeur doit supporter tous les frais et risques inhérents à l'acheminement de la marchandise jusqu'au port de destination convenu et pour son déchargement sur le quai.

Le terme DEQ exige que l'acheteur dédouane la marchandise à l'importation et paie les frais liés aux formalités douanières ainsi que tous droits, taxes et autres redevances exigibles à l'importation. C'EST LÀ UN RENVERSEMENT DE LA SITUATION PAR RAPPORT AUX VERSIONS ANTÉRIEURES DES INCOTERMS QUI METTAIENT À LA CHARGE DU VENDEUR LE DÉDOUANEMENT À L'IMPORTATION.

Si les parties souhaitent inclure parmi les obligations du vendeur celle de payer tout ou partie des frais à régler lors de l'importation de la marchandise, elles doivent le spécifier clairement en ajoutant une clause explicite à cet effet dans le contrat de vente[1].

Ce terme peut seulement être utilisé lorsque la marchandise est à livrer après un transport par mer, voies navigables intérieures ou un transport multimodal et déchargée du navire sur le quai au port de destination convenu. Cependant si les parties souhaitent inclure parmi les obligations du vendeur celle d'assumer les risques et frais pour la manutention de la marchandise depuis le quai jusqu'à un autre endroit (entrepôt, terminal, gare de marchandises, etc) à l'intérieur ou à l'extérieur du port, ce sont les termes DDU ou DDP qu'il convient d'utiliser.

---

1   Voir Introduction paragraphe 11.

A OBLIGATIONS DU VENDEUR

A1 Fourniture de la marchandise conformément au contrat

Le vendeur doit fournir conformément au contrat de vente, la marchandise et la facture commerciale ou un message électronique équivalent, ainsi que toute autre preuve de conformité qui peut être requise aux termes du contrat.

A2 Licences, autorisations et formalités

Le vendeur doit obtenir à ses propres risques et frais toute licence d'exportation ou autre autorisation offficielle ou tout autre document et accomplir, le cas échéant[2], toutes les formalités douanières nécessaires à l'exportation de la marchandise et à son transit par un quelconque pays.

A3 Contrats de transport et d'assurance

a) Contrat de transport
Le vendeur doit conclure à ses propres frais un contrat pour le transport de la marchandise jusqu'au quai convenu au port de destination convenu. Si un quai spécifique n'est pas convenu ou déterminé par l'usage, le vendeur peut choisir le quai qui lui convient le mieux au port de destination convenu.

b) Contrat d'assurance
Aucune obligation[3].

A4 Livraison

Le vendeur doit mettre la marchandise à la disposition de l'acheteur sur le quai conformément à A3 a) à la date ou dans les délais convenus.

A5 Transfert des risques

Sous réserve des dispositions de B5, le vendeur doit supporter tous les risques de perte ou de dommage que la marchandise peut courir jusqu'au moment où elle a été livrée conformément à A4.

---

2   Voir Introduction paragraphe 14.
3   Voir Introduction paragraphe 10.

B OBLIGATIONS DE L'ACHETEUR

B1 Paiement du prix

L'acheteur doit payer le prix tel que prévu dans le contrat de vente.

B2 Licences, autorisations et formalités

L'acheteur doit obtenir à ses propres risques et frais toute licence d'importation, ou autre autorisation officielle ou tout autre document et accomplir, le cas échéant[4], toutes les formalités douanières nécessaires à l'importation de la marchandise.

B3 Contrats de transport et d'assurance

a) Contrat de transport
Aucune obligation[5].

b) Contrat d'assurance
Aucune obligation[6].

B4 Prise de livraison

L'acheteur doit prendre livraison de la marchandise dès lors que celle-ci a été livrée conformément à A4.

B5 Transfert des risques

L'acheteur doit supporter tous les risques de perte ou de dommage que la marchandise peut courir à partir du moment où elle a été livrée conformément à A4.

Faute d'effectuer la notification conformément à B7, l'acheteur doit supporter tous les risques de perte ou de dommage que la marchandise peut courir à partir de la date convenue ou de la date d'expiration de la période fixée pour la livraison, sous réserve toutefois que la marchandise ait été dûment affectée au contrat, c'est-à-dire clairement mise à part ou autrement identifiée comme étant la marchandise contractuelle.

---

4   Voir Introduction paragraphe 14.
5   Voir Introduction paragraphe 10.
6   Voir Introduction paragraphe 10.

DEQ

A6 Répartition des frais

Sous réserve des dispositions de B6, le vendeur doit payer :

- outre les frais résultant de A3 a) tous les frais afférents à la marchandise jusqu'au moment où elle est livrée sur le quai conformément à A4 ; et
- le cas échéant[7], les frais des formalités douanières nécessaires à l'exportation ainsi que tous les droits, taxes et autres redevances exigibles à l'exportation de la marchandise et pour son transit par un quelconque pays avant la livraison.

A7 Notification à l'acheteur

Le vendeur doit prévenir l'acheteur dans un délai raisonnable du moment probable d'arrivée du navire désigné conformément à A4, et effectuer toute autre notification nécessaire pour permettre à l'acheteur de prendre les mesures normalement requises pour prendre livraison de la marchandise.

A8 Document de transport ou message électronique équivalent

Le vendeur doit à ses propres frais fournir à l'acheteur le bon de livraison et/ou le document de transport usuel (par exemple un connaissement négociable, une lettre de transport maritime non négociable, un document de transport par voies navigables intérieures ou un document de transport multimodal), afin de permettre à l'acheteur de prendre livraison de la marchandise et de l'enlever du quai. Si le vendeur et l'acheteur sont convenus de communiquer par voie électronique, le document mentionné au paragraphe précédent peut être remplacé par un message équivalent en échange de données informatisées (EDI).

---

7   Voir Introduction paragraphe 14.

B6   Répartition des frais

L'acheteur doit payer :

- tous les frais afférents à la marchandise à partir du moment où elle a été livrée conformément à A4, y compris les frais de manutention de la marchandise dans le port aux fins d'un transport ultérieur ou de stockage dans un entrepôt ou un terminal ; et
- tous les frais additionnels encourus s'il ne prend pas livraison de la marchandise lorsqu'elle a été mise à sa disposition conformément à A4 ou s'il n'effectue pas la notification conformément à B7, sous réserve toutefois que la marchandise ait été affectée au contrat, c'est-à-dire clairement mise à part ou autrement identifiée comme étant la marchandise contractuelle ; et
- le cas échéant[8], les frais pour l'accomplissement des formalités douanières ainsi que tous droits, taxes et autres redevances exigibles à l'importation de la marchandise et lors de son transport ultérieur.

B7   Notification au vendeur

Lorsqu'il a le droit de déterminer à quel moment au cours de la période stipulée la prise de livraison pourra intervenir et/ou le lieu de livraison au port de destination convenu, l'acheteur doit prévenir le vendeur dans un délai raisonnable.

B8   Preuve de la livraison, document de transport ou message électronique équivalent

L'acheteur doit accepter le bon de livraison ou le document de transport conformément à A8.

---

8   Voir Introduction paragraphe 14.

A9 Vérification, emballage, marquage

Le vendeur doit payer les frais des opérations de vérification (telles que la vérification de la qualité, des dimensions, du poids, du nombre d'unités) nécessaires à la livraison de la marchandise conformément à A4.

Le vendeur doit fournir à ses propres frais l'emballage nécessaire à la livraison de la marchandise (sauf s'il est d'usage dans la profession de fournir sans emballage la marchandise décrite au contrat). L'emballage doit être marqué de façon appropriée.

A10 Autres obligations

Le vendeur doit prêter à l'acheteur, à la demande de ce dernier et à ses risques et frais, toute l'assistance nécessaire pour obtenir tous documents ou messages électroniques équivalents (autres que ceux mentionnés en A8) qui ont été émis ou transmis dans le pays d'expédition et/ou d'origine et dont l'acheteur peut avoir besoin pour l'importation de la marchandise.

Le vendeur doit fournir à l'acheteur, à la demande de ce dernier, les informations nécessaires pour obtenir une assurance.

B9 Inspection de la marchandise

L'acheteur doit payer les frais de toute inspection avant expédition sauf si pareille inspection est diligentée par les autorités du pays d'exportation.

B10 Autres obligations

L'acheteur doit payer tous les frais et charges encourus pour obtenir les documents ou messages électroniques équivalents mentionnés en A10, et doit rembourser ceux encourus par le vendeur pour prêter son concours conformément à cet article.

DDU

RENDU DROITS NON ACQUITTÉS

(... lieu de destination convenu)

Le terme « rendu droits non acquittés » signifie que le vendeur livre la marchandise à l'acheteur non dédouanée à l'importation et non déchargée à l'arrivée de tout véhicule de transport, au lieu de destination convenu. Le vendeur doit supporter les frais et risques pour y acheminer la marchandise, à l'exception le cas échéant[1] de tout « droit » (terme qui inclut la responsabilité et les risques pour l'accomplissement des formalités douanières, ainsi que le paiement des droits de douane, taxes et autres redevances exigibles à l'importation dans le pays de destination). Ce « droit » doit être supporté par l'acheteur ainsi que tous les frais et risques encourus par lui faute d'avoir dédouané, en temps utile, la marchandise à l'importation.

Toutefois si les parties souhaitent que le vendeur accomplisse les formalités douanières et assume les frais et risques résultant de cet accomplissement; ainsi que certains frais exigibles à l'importation de la marchandise, elles doivent le préciser en ajoutant une clause explicite à cet effet dans le contrat de vente[2].

Ce terme peut être utilisé quel que soit le mode de transport. Cependant si la livraison doit être effectuée au port de destination à bord du navire ou sur le quai, ce sont les termes DES ou DEQ qu'il convient d'utiliser.

---

1   Voir Introduction paragraphe 14.
2   Voir Introduction paragraphe 11.

© 1999 Chambre de Commerce Internationale

DDU

A OBLIGATIONS DU VENDEUR

A1 Fourniture de la marchandise conformément au contrat

Le vendeur doit fournir conformément au contrat de vente, la marchandise et la facture commerciale ou un message électronique équivalent, ainsi que toute autre preuve de conformité qui peut être requise aux termes du contrat.

A2 Licences, autorisations et formalités

Le vendeur doit obtenir à ses propres risques et frais toute licence d'exportation ou autre autorisation officielle ou tout autre document, et accomplir, le cas échéant[3], toutes les formalités douanières nécessaires à l'exportation de la marchandise et à son transit par un quelconque pays.

A 3 Contrats de transport et d'assurance

a) Contrat de transport
Le vendeur doit conclure à ses propres frais un contrat pour le transport de la marchandise jusqu'au lieu de destination convenu ; si aucun endroit spécifique n'est convenu ou déterminé par l'usage, le vendeur peut choisir l'endroit qui lui convient le mieux.

b) Contrat d'assurance
Aucune obligation[4].

A4 Livraison

Le vendeur doit mettre la marchandise à la disposition de l'acheteur ou d'une autre personne nommée par l'acheteur, et ce, non déchargée à l'arrivée de tout véhicule de transport, au lieu de destination convenu, à la date ou dans les délais convenus pour la livraison.

A5 Transfert des risques

Sous réserve des dispositions de B5, le vendeur doit supporter tous les risques de perte ou de dommage que la marchandise peut courir jusqu'au moment où elle a été livrée conformément à A4.

---

3   Voir Introduction paragraphe 14.
4   Voir Introduction paragraphe 10.

B OBLIGATIONS DE L'ACHETEUR

B1 Paiement du prix

L'acheteur doit payer le prix tel que prévu dans le contrat de vente.

B2 Licences, autorisations et formalités

L'acheteur doit obtenir à ses propres risques et frais toute licence d'importation ou autre autorisation officielle ou tout autre document et accomplir le cas échéant[5], toutes les formalités douanières nécessaires à l'importation de la marchandise.

B3 Contrats de transport et d'assurance

a) Contrat de transport
Aucune obligation[6].

b) Contrat d'assurance
Aucune obligation[7].

B4 Prise de livraison

L'acheteur doit prendre livraison de la marchandise dès que celle-ci a été livrée conformément à A4.

B5 Transfert des risques

L'acheteur doit supporter tous les risques de perte ou de dommage que la marchandise peut courir à partir du moment où elle a été livrée conformément à A4.

Faute de remplir ses obligations conformément à B2, l'acheteur doit supporter tous les risques additionnels de perte ou de dommage que la marchandise peut courir de ce fait.

Faute d'effectuer la notification conformément à B7, l'acheteur doit supporter tous les risques de perte ou de dommage que la marchandise peut courir à partir de la date convenue ou de la date d'expiration de la période fixée pour la livraison, sous réserve toutefois que la marchandise ait été dûment affectée au contrat, c'est-à-dire clairement mise à part ou autrement identifiée comme étant la marchandie contractuelle.

---

5 Voir Introduction paragraphe 14.
6 Voir Introduction paragraphe 10.
7 Voir Introduction paragraphe 10.

DDU

A6 Répartition des frais

Sous réserve des dispositions de B6, le vendeur doit payer :
- outre les frais résultant de A3 a) tous les frais afférents à la marchandise jusqu'au moment où elle a été livrée conformément à A4 ; et
- le cas échéant[8], les frais des formalités douanières nécessaires à l'exportation ainsi que tous les droits, taxes et autres redevances exigibles à l'exportation de la marchandise et à son transit par un quelconque pays avant sa livraison conformément à A4.

A7 Notification à l'acheteur

Le vendeur doit prévenir l'acheteur dans un délai raisonnable de l'expédition de la marchandise et effectuer toute autre notification nécessaire pour permettre à l'acheteur de prendre les mesures normalement requises pour prendre livraison de la marchandise.

A8 Preuve de la livraison, document de transport ou message électronique équivalent

Le vendeur doit, à ses propres frais, fournir à l'acheteur le bon de livraison et/ou le document de transport usuel (par exemple un connaissement négociable, une lettre de transport maritime non négociable, un document de transport par voies navigables intérieures, une lettre de transport aérien, une lettre de voiture ferroviaire, une lettre de voiture routière ou un document de transport multimodal) dont l'acheteur peut avoir besoin pour prendre livraison de la marchandise conformément à A4/B4.

Si le vendeur et l'acheteur sont convenus de communiquer par voie électronique, le document mentionné au paragraphe précédent peut être remplacé par un message équivalent en échange de données informatisées (EDI).

© 1999 Chambre de Commerce Internationale

---

8   Voir Introduction paragraphe 14.

B6 Répartition des frais

L'acheteur doit payer :

- tous les frais afférents à la marchandise à compter du moment où elle a été livrée conformément à A4 ; et
- tous les frais supplémentaires encourus si l'acheteur ne remplit pas ses obligations conformément à B2 ou s'il n'effectue pas la notification conformément à B7, sous réserve toutefois que la marchandise ait été dûment affectée au contrat, c'est-à-dire clairement mise à part ou autrement identifiée comme étant la marchandise contractuelle ; et
- le cas échéant[9], les frais pour l'accomplissement des formalités douanières ainsi que tous droits, taxes et autres redevances exigibles à l'importation de la marchandise et lors de son transport ultérieur.

B7 Notification au vendeur

Lorsqu'il a le droit de déterminer à quel moment au cours de la période stipulée la livraison pourra intervenir et/ou l'endroit de la livraison au lieu convenu, l'acheteur doit notifier le vendeur dans un délai raisonnable.

B8 Preuve de la livraison, document de transport ou message électronique équivalent

L'acheteur doit accepter le bon de livraison ou le document de transport approprié conformément à A8.

9 Voir Introduction paragraphe 14.

© 1999 Chambre de Commerce Internationale

A9 Vérification, emballage, marquage

Le vendeur doit payer les frais des opérations de vérification (telles que la vérification de la qualité, des dimensions, du poids, du nombre d'unités) nécessaires à la livraison de la marchandise conformément à A4.

Le vendeur doit fournir à ses propres frais l'emballage nécessaire à la livraison de la marchandise (sauf s'il est d'usage dans la profession de livrer sans emballage la marchandise décrite au contrat). L'emballage doit être marqué de façon appropriée.

A10 Autres obligations

Le vendeur doit prêter à l'acheteur, à la demande de ce dernier et à ses frais et risques, toute l'assistance nécessaire pour obtenir tous documents ou messages électroniques équivalents (autres que ceux mentionnés en A8) qui ont été émis ou transmis dans le pays d'expédition et/ou d'origine et dont l'acheteur peut avoir besoin pour l'importation de la marchandise.

Le vendeur doit fournir à l'acheteur, à la demande de ce dernier, les informations nécessaires pour obtenir une assurance

B9 Inspection de la marchandise

L'acheteur doit payer les frais de toute inspection avant expédition sauf si pareille inspection est diligentée par les autorités du pays d'exportation.

B10 Autres obligations

L'acheteur doit payer tous les frais et charges encourus pour obtenir les documents ou messages électroniques équivalents qui sont mentionnés en A10, et doit rembourser ceux encourus par le vendeur pour prêter son concours conformément à cet article.

DDP
RENDU DROITS ACQUITTÉS

(... lieu de destination convenu)

« Rendu droits acquittés » signifie que le vendeur livre la marchandise à l'acheteur, dédouanée à l'importation et non déchargée à l'arrivée de tout véhicule de transport au lieu de destination convenu. Le vendeur doit supporter tous les frais et risques pour y acheminer la marchandise y compris, le cas échéant[1] tout « droit » à l'importation dans le pays de destination (terme qui inclut la responsabilité et les risques pour l'accomplissement des formalités douanières ainsi que le paiement de ces formalités, droits de douane, taxes et autres redevances).

Alors que le terme EXW définit l'obligation minimale du vendeur, le terme DDP en définit l'obligation maximale.

Ce terme ne doit pas être utilisé lorsque le vendeur n'est pas en mesure, directement ou indirectement, d'obtenir la licence d'importation.

Toutefois si les parties souhaitent exclure des obligations du vendeur le règlement de certains frais exigibles à l'importation de la marchandise (par exemple la taxe à la valeur ajoutée TVA), elles doivent le préciser en ajoutant une clause explicite à cet effet dans le contrat de vente[2].

Si les parties souhaitent que l'acheteur supporte tous les risques et coûts liés à l'importation, c'est le terme DDU qui doit être utilisé.

Le terme DDP peut être utilisé quel que soit le mode de transport. Cependant si la livraison doit être effectuée au port de destination à bord du navire ou sur le quai, ce sont les termes DES ou DEQ qu'il convient d'utiliser.

---

1   Voir Introduction paragraphe 14.
2   Voir Introduction paragraphe 11.

A OBLIGATIONS DU VENDEUR

A1 Fourniture de la marchandise conformément au contrat

Le vendeur doit fournir conformément au contrat de vente, la marchandise et la facture commerciale, ou un message électronique équivalent ainsi que toute autre preuve de conformité qui peut être requise aux termes du contrat.

A2 Licences, autorisations et formalités

Le vendeur doit obtenir à ses propres risques et frais toute licence d'exportation et d'importation, et autre autorisation officielle ou tout autre document et accomplir, le cas échéant[3], toutes les formalités douanières nécessaires à l'exportation de la marchandise, à son transit par un quelconque pays, et à son importation.

A3 Contrats de transport et d'assurance

a) Contrat de transport
Le vendeur doit conclure à ses propres frais un contrat pour le transport de la marchandise au lieu de destination convenu. Si aucun endroit spécifique n'est convenu ou déterminé par l'usage, le vendeur peut choisir l'endroit qui lui convient le mieux au lieu de destination convenu.

b) Contrat d'assurance
Aucune obligation[4].

A4 Livraison

Le vendeur doit mettre la marchandise à la disposition de l'acheteur ou d'une autre personne nommée par l'acheteur et ce non déchargée à l'arrivée de tout véhicule de transport, au lieu de destination convenu, à la date ou dans les délais convenus pour la livraison.

A5 Transfert des risques

Sous réserve des dispositions de B5 le vendeur doit supporter tous les risques de perte ou de dommage que la marchandise peut courir jusqu'au moment où elle a été livrée conformément à A4.

---

3   Voir Introduction paragraphe 14.
4   Voir Introduction paragraphe 10.

B OBLIGATIONS DE L'ACHETEUR

B1 Paiement du prix
L'acheteur doit payer le prix tel que prévu dans le contrat de vente.

B2 Licences, autorisations et formalités
L'acheteur doit prêter au vendeur à la demande de ce dernier et à ses risques et frais toute l'assistance nécessaire pour obtenir, le cas échéant[5], toute licence d'importation ou autre autorisation officielle requise pour l'importation de la marchandise.

B3 Contrats de transport et d'assurance
a) Contrat de transport
Aucune obligation[6].

b) Contrat d'assurance
Aucune obligation[7].

B4 Prise de livraison
L'acheteur doit prendre livraison de la marchandise dès lors que celle-ci a été livrée conformément à A4.

B5 Transfert des risques
L'acheteur doit supporter tous les risques de perte ou de dommage que la marchandise peut courir à partir du moment où elle a été livrée conformément à A4.

Faute de remplir ses obligations conformément à B2, l'acheteur doit supporter tous les risques additionnels de perte ou de dommage que la marchandise peut courir en conséquence.

Faute d'effectuer la notification conformément à B7 l'acheteur doit supporter tous les risques de perte ou de dommage que la marchandise peut courir à partir de la date convenue ou de la date d'expiration de la période fixée pour la livraison, sous réserve toutefois que la marchandise ait été dûment affectée au contrat, c'est-à-dire clairement mise à part ou autrement identifiée comme étant la marchandise contractuelle.

---

5   Voir Introduction paragraphe 14.
6   Voir Introduction paragraphe 10.
7   Voir Introduction paragraphe 10.

A6   Répartition des frais

Sous réserve des dispositions de B6, le vendeur doit payer :

- outre les frais résultant de A3 a), tous les frais afférents à la marchandise jusqu'au moment où elle a été livrée conformément à A4 ; et

- le cas échéant[8], les frais des formalités douanières nécessaires à l'exportation et à l'importation ainsi que tous les droits, taxes et autres redevances exigibles à l'exportation et à l'importation de la marchandise et pour le transit de celle-ci par un quelconque pays avant sa la livraison conformément à A4.

A7   Notification à l'acheteur

Le vendeur doit prévenir l'acheteur dans un délai raisonnable de l'expédition de la marchandise et donner toutes autres informations nécessaires pour permettre à l'acheteur de prendre les mesures qui sont normalement requises pour qu'il puisse prendre livraison de la marchandise.

A8   Preuve de la livraison, document de transport ou message électronique équivalent

Le vendeur doit, à ses propres frais, fournir à l'acheteur le bon de livraison et/ou le document de transport usuel (par exemple un connaissement négociable, une lettre de transport maritime non négociable, un document de transport par voies navigables intérieures, une lettre de transport aérien, une lettre de voiture ferroviaire, une lettre de voiture routière ou un document de transport multimodal) dont l'acheteur peut avoir besoin pour prendre livraison de la marchandise conformément à A4/B4.

Si le vendeur et l'acheteur sont convenus de communiquer par voie électronique le document mentionné au paragraphe précédent peut être remplacé par un message équivalent en échange de données informatisées (EDI).

A9   Vérification, emballage, marquage

Le vendeur doit payer les frais des opérations de vérification (telles que la vérification de la qualité, des dimensions, du poids, du nombre d'unités) nécessaires à la livraison de la marchandise conformément à A4.

Le vendeur doit fournir à ses propres frais l'emballage nécessaire à la livraison de la marchandise (sauf s'il est d'usage dans la profession de fournir sans emballage la marchandise décrite au contrat). L'emballage doit être marqué de façon appropriée.

---

8   Voir Introduction paragraphe 14.

B6 Répartition des frais

L'acheteur doit payer :

- tous les frais afférents à la marchandise à compter du moment où elle a été livrée conformément à A4 ; et
- tous les frais supplémentaires encourus si l'acheteur ne remplit pas ses obligations conformément à B2, ou s'il n'effectue pas la notification conformément à B7, sous réserve toutefois que la marchandise ait été dûment affectée au contrat, c'est-à-dire clairement mise à part ou autrement identifiée comme étant la marchandise contractuelle.

B7 Notification au vendeur

Lorsqu'il a le droit de déterminer à quel moment au cours de la période stipulée la prise de livraison pourra intervenir et/ou l'endroit de la livraison au lieu convenu, l'acheteur doit prévenir le vendeur dans un délai raisonnable.

B8 Preuve de la livraison, document de transport ou message électronique équivalent

L'acheteur doit accepter le bon de livraison ou le document de transport approprié conformément à A8.

B9 Inspection de la marchandise

L'acheteur doit payer les frais de toute inspection avant expédition sauf si pareille inspection est diligentée par les autorités du pays d'exportation.

DDP

A10 Autres obligations

Le vendeur doit payer tous les frais et charges encourus pour obtenir les documents ou les messages électroniques équivalents mentionnés en B10, et rembourser ceux encourus par l'acheteur pour lui prêter son concours conformément à cet article.

Le vendeur doit fournir à l'acheteur à la demande de ce dernier les informations nécessaires pour obtenir une assurance.

B10 Autres obligations

L'acheteur doit rendre au vendeur, à la demande de ce dernier et à ses risques et frais, toute l'assistance nécessaire pour obtenir tous documents ou messages électroniques équivalents qui ont été émis ou transmis dans le pays d'importation et dont le vendeur peut avoir besoin pour mettre la marchandise à la disposition de l'acheteur conformément à cet article.

DDP

REMERCIEMENTS

Les Incoterms 2000 ont été établis par le Groupe de travail d'ICC sur les termes commerciaux composé des personnalités ci-après :

Per-Erik Abrahamsson *(Suède)*, Dr Bachir Georges Affaki *(France)*, Laura Altamirano López *(Mexique)*, Domian Andela *(Pays-Bas)*, Ignacio Arroyo Martínez *(Espagne)*, Eduard Arruga I Valeri *(Espagne)*, Ted Barassi *(Etats-Unis)*, Jean Bastin *(Belgique)*, Ray Battersby *(Royaume-Uni)*, Mohammad Mehdi Behkish *(République Islamique d'Iran)*, Dr Hayna Bendig-Csanky *(Hongrie)*, Tom Birch-Reynardson *(Royaume-Uni)*, Diederik Bogaerts *(Belgique)*, Prof. Fabio Bortolotti *(Italie)*, Jens Bredow *(Allemagne)*, Miguel Angel Bustamante Morales *(Mexique)*, Susan M. Carkeet *(Etats-Unis)*, James B. Clawson *(Etats-Unis)*, Hervé Cornède *(France)*, David Corney *(Etats-Unis)*, Léonard Cueva Puertas *(Equateur)*, Riaan de Lange *(Afrique du Sud)*, Robert De Roy *(Belgique)*, Prof. Charles Debattista *(Royaume-Uni)*, Henri Delsaux *(Belgique)*, Yves Derains *(France)*, G.A. Derkzen *(Pays-Bas)*, Michael Doyle *(Canada)*, Dr H. Ercüment Erdem *(Turquie)*, J. Roger Erwin *(Etats-Unis)*, Mauro Ferrante *(Italie)*, Suzanne Foti *(Etats-Unis)*, Luis Garatea Uskola *(Espagne)*, Michel-Jean Gauthier *(France)*, Carine Gelens *(Belgique)*, Jean Guédon *(France)*, Ana Guevara *(Etats-Unis)*, Dr César Guzmán-Barron Sobrevilla *(Perou)*, Olav Hermansen *(Norvège)*, Edward M. Joffe *(Etats-Unis)*, Kimmo Kahila *(Finlande)*, Dr Heinrich Kopecky *(Australie)*, S. Siva Kumar *(Inde)*, Binay Kumar *(Inde)*, Hans Leijgraaff *(Pays-Bas)*, Maître Jean-Pierre Lendais *(France)*, Christian J. Lien *(Norvège)*, Maître Didier Matray *(Belgique)*, Prof. Satoshi Niibori *(Japon)*, Donald L. O'Hare *(Etats-Unis)*, M. Rajaram *(Singapour)*, Prof. Jan Ramberg *(Suède*, Philippe Rapatout *(France)*, Asko Räty *(Finlande)*, Frank Reynolds *(Etats-Unis)*, Peter M. Robinson *(Etats-Unis)*, Dr A.P.J. Ronde *(Pays-Bas)*, Gisbert Rübekohl *(Allemagne)*, Maître Jacques Sagot *(France)*, Dr David M. Sassoon (†) *(Israël)*, Joseph Shostak *(Israël)*, Rami Shpayer *(Israël)*, Prof. Dr Kurt Spera *(Australie)*, Robert Steiner *(Australie)*, Carl Ström *(Suède)*, Diane Struyven *(Belgique)*, Bart Van De Veire *(Belgique)*, Prof. Hans Van Houtte *(Belgique)*, Maître Herman W. Verbist *(Belgique)*, Joseph Vicario *(Etats-Unis)*, Alexander von Ziegler *(Suisse)*, Michelle Waddilove *(Royaume-Uni)*, Donald Alford Weadon Jr *(Etats-Unis)*, Klaus Bernhard Winkler *(Allemagne)*, Jan Pieter Witsen Elias *(Pays-Bas)*, Kenneth N. Wolf, Esq. *(Etats-Unis)*, Willard A. Workman *(Etats-Unis)*, Zhang Haifeng *(Chine)*, Mohammad Saleh Zoghi *(République Islamique d'Iran)*.

ICC AT A GLANCE

ICC is the world business organization. It is the only representative body that speaks with authority on behalf of enterprises from all sectors in every part of the world.

ICC's purpose is to promote an open international trade and investment system and the market economy worldwide. It makes rules that govern the conduct of business across borders. It provides essential services, foremost among them the ICC International Court of Arbitration, the world's leading institution of its kind.

Within a year of the creation of the United Nations, ICC was granted consultative status at the highest level with the UN and its specialized agencies. Today ICC is the preferred partner of international and regional organizations whenever decisions have to be made on global issues of importance to business.

Business leaders and experts drawn from ICC membership establish the business stance on broad issues of trade and investment policy as well as on vital technical or sectoral subjects. These include financial services, information technologies, telecommunications, marketing ethics, the environment, transportation, competition law and intellectual property, among others.

ICC was founded in 1919 by a handful of far-sighted business leaders. Today it groups thousands of member companies and associations from over 130 countries. National committees in all major capitals coordinate with their membership to address the concerns of the business community and to put across to their governments the business views formulated by ICC.

Some ICC Services

The ICC International Court of Arbitration (Paris)

The ICC International Centre for Expertise (Paris)

The ICC International Bureau of Chambers of Commerce – IBCC (Paris)

The ICC Institute of World Business Law (Paris)

The ICC Centre for Maritime Co-operation (London)

ICC Commercial Crime Services (London), grouping:

The ICC Counterfeiting Intelligence Bureau

The ICC Commercial Crime Bureau

The ICC International Maritime Bureau

SELECTED ICC PUBLICATIONS

E: English – **F:** French – **D:** German – **S:** Spanish – **EF:** English/French bilingual edition – **E-F:** separate edition in each language

INTERNATIONAL TRADE AND CONTRACTS

ICC Guide to Incoterms 2000

Written by Professor Jan Ramberg, international expert, chair of the revision of *Incoterms 2000* and author of *Guide to Incoterms 1990*, the guide provides a term-by-term review of the new Incoterms, with commentary on each obligation of the seller and the buyer. The indispensable companion to *Incoterms 2000*.

EF   **available November 1999**   ISBN 92-842-1269-3   N°620

ICC Model International Sale Contract (+ diskette)

A flexible and clear model contract providing directions to sellers and buyers of manufactured goods. This ICC model allows users either to incorporate only the general conditions or to include the specific conditions, which set out standard terms common to all contracts with the ICC General Conditions of Sale. A diskette provides the text of the model, and useful annexes include the Golden Rules of Incoterms and United Nations Convention for the International Sale of Goods. Easy-to-use for first-time traders, but also providing the legal protection demanded by experienced practitioners.

E-F   **64 pages**   ISBN 92-842-1210-3   N°556

The ICC Model Distributorship Contract (Sole Importer-Distributor)

In this model form, the ICC provides a set of uniform contractual rules for those distributorship agreements where distributors act as buyers-resellers and as importers who organize distribution in the country for which they are responsible. Containing flexible and general rules, the contract can also be employed on its own as a ready-to-use balanced model form if the parties are not in a position to prepare a specific contract.

E-F   **40 pages**   ISBN 92-842-1153-0   N°518

The ICC Model Agency Contract: a Commentary (+ diskette E-F-D-I)

An ICC Publishing/Kluwer Law International co-publication

A clause-by-clause commentary by the experts who wrote the *ICC Model Commercial Agency Contract*, this publication provides extensive illustrations of the clauses of the contract and gives lawyers and business people a comprehensive explanation of the problems encountered by those who negotiate commercial agency agreements. The commentary enriches the original text and provides new insights into the drafting process. In addition, it includes two disks (Apple and MS DOS) with English, French, German and Italian versions of the contract. This added feature is a useful tool for drafting agency agreements in several languages.

E   **180 pages**   ISBN 92-842-1146-8   N°512

Export-Import Basics
by Guillermo Jiménez

Providing a clear and concise introduction to the legal, financial and transport aspects of the export trade, this is the first export handbook to offer in-depth surveys of all the key ICC instruments, with detailed sections devoted to Incoterms 1990, ICC arbitration, and the UCP 500 and documentary credits. Also covered are: model contracts for international sale, agency and distributorship, transport practices and documents, and export risk management. The book explores the recent phenomenon of EDI and electronic networks for use in international trade and includes a handy Export-Import Glossary of the principal terms and abbreviations, along with listings of helpful books and other information resources.

E   **240 pages**   **ISBN 92-842-1194-8**   **N°543**

Key Words in International Trade (4th edition)

This revised edition includes translations of more than 3,000 entries. The translated terms and abbreviations are those most commonly used in international law and commerce, providing a source of accurate and up-to-date business terminology in the five main languages of European trade.

EFSDI   **408 pages**   **ISBN 92-842-1187-5**   **N°417/4**

BANKING AND FINANCE

Guide to the ICC Uniform Rules for Demand Guarantees
by Prof. Roy Goode

Explains the reasoning behind the rules and provides concrete examples of how they work in practice. Contains an introduction to the rules, a general overview and an Article-by-Article commentary; not only explains the key issues but analyses points of doubt or difficulty. For bankers, lawyers and students. (See also N°s 458 & 503.)

E   **140 pages**   **ISBN 92-842-1145-X**   **N°510**

Bank Guarantees in International Trade (1996 updated edition)
by R. Bertrams

This fully revised second edition serves to broaden the understanding of bank guarantees, emphasizing the implications and issues which can arise in the daily functioning of these legal instruments. Written from a transnational perspective, the book has been updated and amended in light of new developments in the law and changing patterns in practice, and accounts for the introduction of new techniques and problem areas.

E   **450 pages**   **ISBN 92-842-1198-0**   **N°547**

ICC Guide to Bank-to-Bank Reimbursements
by Dan Taylor

A practical guide to daily operations in the area of bank-to-bank reimbursements written from the perspective of each bank party to a reimbursement transaction – the Issuing Bank, Reimbursing Bank and Claiming Bank. The guide provides step-by-step guidance to each party and includes detailed explanations of the principles behind each part of a reimbursement transaction. Mini case studies are provided for points of particular interest to the parties and, for each bank involved in a reimbursement, a checklist is provided, including pointers to common mistakes. There are cross-references to URR 525 throughout the text.

E	80 pages	ISBN 92-842-1232-3	N°575

Opinions of the ICC Banking Commission (1995-1996)
Responses to queries on UCP 400, UCP 500 and URC 322

Some 52 queries and official ICC responses covering issues as diverse as the beneficiary's recourse in the case of fraud to the interpretation of the new Transport Articles. Organized in the order of the Articles of the UCP, the queries and responses in this volume are the first to respond to questions about UCP 500. The queries not only provide guidance to the workings of the UCP for practitioners, they have also served as guidelines for courts in interpreting the rules.

E	90 pages	ISBN 92-842-1220-0	N°565

Managing Interest Rate Risk
by Nick Douch

This publication looks at what factors may change interest rates and then goes on to examine how these changes can in themselves affect the economic and business environment. Setting out a simple model which any company or businessperson can adapt to his or her own needs, it covers the setting of objectives in interest rate management and tells how this should be linked to a firm's other objectives and then looks in-depth at the types of interest rate exposure a company may face. Each of the many ways of reducing the risks caused by interest rate movements is examined in detail, as well as the tax and accounting implications of interest rate hedging and of the most appropriate measurement systems for companies. A practical book packed with examples, many based on real-life incidents.

E	104 pages	ISBN 92-842-1228-6	N°572

Managing Foreign Exchange Risks
by Nick Douch

This book sets out a simple model showing the stages that a company needs to work through to establish a foreign exchange policy; it emphasizes the need for rigour and discipline in the management of exchange rates and the importance of identifying the company's exposures properly and comprehensively. It examines a number of hedging techniques critically but fairly.

E	80 pages	ISBN 92-842-1202-3	N°549

Prime Bank Instrument Frauds – the Fraud of the Century
by ICC Commercial Crime Services

Since the first, highly successful edition of this report, prime bank instrument fraud has reached epidemic proportions. Describing the latest variations, this second special report lists the danger signals investors and financial institutions should watch out for to avoid being duped. The new edition includes a review of developments since the publication of the first report and several case histories. Documentary frauds are examined more closely with the ultimate goal of prevention – or at least bringing perpetrators to justice.

E   **64 pages**   **ISBN 92-842-1213-8**   **N°559**

ICC Guide to Collection Operations
by Lakshman Y. Wickremeratne

The essential guide to the URC 522's 1995 revision, this publication provides a basic introduction to the operation of collections as part of international trade. It explains the role played by banks in collection operations, provides a background to the changes made in the revision and examines some of the issues relating to collections. An accessible guide for bankers, traders and all beginners in the collections process.

E   **112 pages**   **ISBN 92-842-1214-6**   **N°561**

HOW TO OBTAIN ICC PUBLICATIONS

ICC Publications are available from ICC national committees or councils which exist in some 60 countries or from:

ICC PUBLISHING S.A.
38, Cours Albert 1er
75008 Paris - France
Customer Service:
Tel: +33 1.49.53.29.23/28.89
Fax: +33 1.49.53.29.02
E-mail: pub@iccwbo.org

ICC PUBLISHING, INC.
156 Fifth Avenue, Suite 417
New York, NY 10010
USA
Tel: +1 (212) 206 1150
Fax: +1 (212) 633 6025
E-mail: iccpub@interport.net

To find out more about the latest ICC publications, visit our web site at www.iccbooks.com

ICC AU SERVICE DES AFFAIRES

ICC est l'organisation mondiale des entreprises. Elle est la seule organisation qui parle avec autorité au nom des entreprises de tous les secteurs dans le monde entier.

La mission d'ICC est de promouvoir le commerce et l'investissement internationaux et l'économie de marché. Elle établit les règles qui régissent les échanges commerciaux internationaux. Elle offre des services pratiques essentiels, dont le premier est celui de la Cour internationale d'arbitrage d'ICC, la plus importante institution de ce genre dans le monde.

ICC a un statut consultatif de première catégorie auprès des Nations Unies et de ses agences spécialisées. Aujourd'hui ICC est le partenaire privilégié des organisations internationales et régionales dans le processus de décision concernant les questions d'importance pour les acteurs économiques mondiaux.

Des leaders des milieux d'affaires et des experts membres d'ICC définissent les positions des entreprises concernant le commerce et l'investissement ainsi que les questions techniques ou sectorielles essentielles. Sont concernés entre autres, le droit de la concurrence, l'environnement, les services financiers, les technologies de l'information, la propriété intellectuelle, les règles d'éthique du marketing, les questions fiscales, les télécommunications et les transports.

Fondée en 1919 par un groupe de dirigeants inspirés, ICC rassemble aujourd'hui des milliers d'entreprises et d'associations dans plus de 130 pays. Ses comités nationaux présents dans toutes les grandes capitales, relaient les préoccupations de leurs membres et exposent à leurs gouvernements les prises de position d'ICC.

Quelques services d'ICC

La Cour Internationale d'Arbitrage d'ICC (Paris)
Le Centre International d'Expertise d'ICC (Paris)
Le Bureau International des Chambres de Commerce – BICC (Paris)
L'Institut du Droit des Affaires Internationales d'ICC (Paris)
Le Bureau contre le Crime Commercial d'ICC (Londres)
Le Bureau Maritime International d'ICC (Londres)
Le Bureau d'Enquêtes sur la Contrefaçon d'ICC (Londres)

QUELQUES PUBLICATIONS D'ICC

F: français – **E:** anglais – **D:** allemand – **S:** espagnol – **EF:** version bilingue –
E-F: éditions existent dans les deux langues

COMMERCE ET CONTRATS INTERNATIONAUX

Guide ICC des Incoterms 2000

Pour comprendre, dans le détail, les nouveaux Incoterms, procurez-vous son indispensable complément. Rédigé par le professeur Jan Rambert, président du groupe de travail qui a élaboré les Incoterms 2000, ce Guide permet de visualiser et de mémoriser les variantes de chaque Incoterm à l'aide de représentations graphiques simples. Vous trouverez aussi un rappel des étapes essentielles et des éléments du contrat de vente ainsi qu'une analyse détaillée des 13 termes révisés, accompagnée des commentaires sur les obligations du vendeur et de l'acheteur.

F-E   **disponible nov. 1999**   **ISBN 92.842.2269.9**   **N° 620**

Contrat modèle CCI de vente internationale

Ce modèle sûr et souple établit une norme juridique mondiale et fournit aux exportateurs et importateurs un outil qui leur permettra d'économiser un temps précieux. Le contrat proposé se compose de deux parties : les Conditions particulières qui permettent aux parties de définir les détails d'une opération spécifique, et les Conditions générales qui définissent le cadre juridique normalisé de l'ensemble de leurs opérations. Cette publication simplifiera grandement le travail de tous ceux qui ont à rédiger des contrats de vente internationale.

F-E   **64 pages**   **ISBN 92.842.2210.9**   **N° 556**

Contrat modèle CCI de concession commerciale

Ce modèle définit des règles contractuelles uniformes conformes aux pratiques du commerce international, adaptées aux accords internationaux dans le cadre desquels le concessionnaire agit en qualité d'acheteur-revendeur et d'importateur, en organisant la distribution dans le pays dont il est responsable. La formule proposée est suffisamment souple pour permettre aux parties qui le souhaitent de choisir le cas échéant la loi nationale qui régira leur contrat et de choisir entre diverses solutions.

F-E   **30 pages**   **ISBN 92.842.2153.6**   **N° 518**

Export–Import Basics
de Guillermo Jiménez

Ce manuel, qui fournit une introduction claire et concise aux aspects juridiques et financiers de l'exportation, ainsi qu'aux questions de transport qui y sont liées, est le premier à proposer une analyse approfondie de tous les instruments clés d'ICC, avec des chapitres consacrés à l'arbitrage d'ICC et aux RUU 500 relatives aux crédits documentaires. Sont aussi traités : les modèles de contrats de vente internationale, d'agence commerciale et de concession, les pratiques et les documents de transport, la gestion du risque à l'exportation. L'ouvrage étudie également le récent phénomène de l'EDI et le rôle des réseaux électroniques dans le commerce international et comprend un glossaire pratique des principaux termes et abréviations de l'import-export, ainsi qu'une liste d'ouvrages de référence et d'autres sources d'information.

E   **240 pages**   **ISBN 92.842.1194.8**   **N° 543**   267

Mots-clés du commerce international (quatrième édition)

Préface d'Arthur Dunkel. Terminologie de l'UE incluse

Cette édition révisée donne la traduction de plus de 3000 termes et abréviations, dont plusieurs reflètent les changements intervenus dans les pratiques commerciales et les organisations internationales depuis la publication de la précédente version, avec notamment la croissance du commerce électronique. Pour négocier un contrat, traiter un crédit documentaire, remplir un document de transport ou concevoir un nouveau plan de marketing, les Mots-clés sont un outil de référence idéal, qui donne accès à une terminologie précise et actuelle dans les cinq grandes langues du commerce européen. Indispensable pour les hommes d'affaires, les exportateurs et importateurs, les juristes, les transporteurs, les universitaires et tous ceux qui doivent communiquer sur le nouveau marché mondial.

EFSDI   **424 pages**   **ISBN 92-842-1187-5**   **N° 417/4**

TECHNIQUES BANCAIRES ET FINANCE

Guide to the ICC Uniform Rules for Demand Guarantees

du Prof. Roy Goode

Ce guide expose les principes sur lesquels s'appuient les règles et donne des exemples concrets de leur fonctionnement. A partir d'une introduction, d'une présentation générale et d'un commentaire article par article, il explique les points essentiels des règles et analyse les éléments qui pourraient être source de confusion ou de difficulté. A l'intention des banquiers, des juristes et des étudiants.

E   **140 pages**   **ISBN 92-842-1145-X**   **N° 510**

Bank Guarantees in International Trade

de R. Bertrams

Indispensable pour une bonne compréhension des garanties bancaires, cette deuxième édition entièrement révisée, rédigée dans une perspective transnationale, tient compte des plus récentes évolutions du droit et des pratiques. Elle analyse le fonctionnement de ces instruments juridiques et explore les problèmes et les questions qui se posent au quotidien, notamment du fait de l'introduction de nouvelles techniques.

E   **450 pages**   **ISBN 92-842-1198-0**   **N° 547**

ICC Guide to Bank-to-Bank Reimbursements

de Dan Taylor

Ce guide pratique étudie les opérations quotidiennes de remboursement entre banques, du point de vue de chacune des parties – banque émettrice, banque de remboursement et banque "réclamante". Chaque point du déroulement de la transaction fait l'objet d'explications détaillées. Des études de cas illustrent les aspects du remboursement qui intéressent plus particulièrement chacune des banques, et les erreurs les plus communes sont répertoriées. Le texte est accompagné de nombreuses références aux RUR 525.

E   **80 pages**   **ISBN 92-842-1232-3**   **N° 575**

Opinions of the ICC banking commission (1995-1996)

Réponses aux requêtes portant sur les RUU 400, RUU 500 et RUE 522
52 questions et réponses officielles d'ICC, sur des sujets aussi divers que les recours du bénéficiaire en cas de fraude ou l'interprétation des nouveaux articles relatifs aux transports. Organisées dans le même ordre que les articles des RUU, les interprétations et analyses de ce volume sont les premières à traiter des RUU 500. Elles fournissent à la fois de précieux conseils sur le fonctionnement des RUU aux participants au commerce international et des principes directeurs à l'intention des tribunaux amenés à interpréter ces règles.

E   **90 pages**   **ISBN 92-842-1220-0**   **N° 565**

ICC Guide to Managing Interest Rate Risk

de Nick Douch
Ce guide analyse les facteurs qui influent sur les taux d'intérêt et la manière dont la variation de ces taux affecte l'environnement économique et commercial. Il propose pour la gestion des taux d'intérêt un modèle simple qu'entreprises et hommes d'affaires peuvent adapter à leurs besoins, étudie les objectifs de cette gestion et leurs liens avec les autres objectifs de l'entreprise, puis analyse en détail les différents risques que peut courir une entreprise du fait des taux d'intérêt. L'ouvrage analyse ensuite les nombreux moyens de réduire ces risques, ainsi que les conséquences fiscales et comptables de leur couverture et les systèmes de mesure les plus appropriés pour les entreprises. Un guide pratique, riche en exemples et en cas réels.

E   **92 pages**   **ISBN 92-842-1228-6**   **N° 572**

Managing Foreign Exchange Risks

de Nick Douch
Cet ouvrage expose sur un modèle simple les différentes étapes de l'élaboration d'une politique des changes à l'intention de l'entreprise, insiste sur la nécessité de gérer les taux de change avec rigueur et discipline, souligne l'importance d'identifier précisément les risques et évalue d'un œil critique mais juste un certain nombre de techniques de couverture.

E   **80 pages**   **ISBN 92-842-1202-3**   **N° 549**

Prime Bank Instrument Frauds

(deuxième édition)
Depuis la première édition de ce rapport très attendu, les fraudes portant sur des instruments bancaires de premier ordre ont pris la dimension d'une épidémie. Ce deuxième rapport spécial décrit leurs dernières variations et établit la liste des signaux de danger que doivent guetter les investisseurs et les institutions financières pour ne pas se laisser berner. Les développements intervenus depuis la publication du premier rapport sont analysés et plusieurs études de cas sont présentées. Les fraudes documentaires sont aussi étudiées du point de vue de la prévention – et de l'arrestation de leurs auteurs.

E   **64 pages**   **ISBN 92-842-1213-8**   **N° 559**

ICC Guide to Collection Operations

Cet indispensable guide sur la révision de 1995 des RUE 522 fournit une introduction essentielle aux opérations d'encaissement dans le commerce international, explique le rôle joué par les banques dans ces opérations, expose les prin-
cipales raisons des changements apportés par la révision et analyse divers
autres éléments relatifs aux encaissements. Ecrit dans un langage clair et accessible, il s'adresse aux banquiers, aux hommes d'affaires et à tous ceux qui souhaitent aborder le domaine des encaissements.

E   **112 pages**   **ISBN 92-842-1214-6**   **N° 561**

COMMENT OBTENIR LES PUBLICATIONS D'ICC

Les publications ICC sont disponibles auprès des comités nationaux qui
existent dans une soixantaine de pays ou auprès de :

ICC PUBLISHING S.A.
38, Cours Albert 1er
75008 Paris - France
Customer Service:
Tel: +33 1.49.53.29.23/28.89
Fax: +33 1.49.53.29.02
E-mail: pub@iccwbo.org

ICC PUBLISHING, INC.
156 Fifth Avenue, Suite 417
New York, NY 10010
USA
Tel: +1 (212) 206 1150
Fax: +1 (212) 633 6025
E-mail: iccpub@interport.net

**Pour en savoir plus sur les publications ICC consultez
notre site web à www.iccbooks.com**

Published in September 1999 by
ICC PUBLISHING S.A.
International Chamber of Commerce
The world business organization
38 Cours Albert 1er
75008 Paris, France

Copyright © 1999
International Chamber of Commerce

Reprinted In October 1999

ICC Publication N° 560
ISBN 92-842-1199-9

Publié en septembre 1999 par
ICC PUBLISHING SA
Chambre de Commerce Internationale
L'organisation mondiale des entreprises
38 Cours Albert 1er
75008 Paris, France

Copyright © 1999
Chambre de Commerce Internationale (ICC)

Réimprimé en Octobre 1999

Publication ICC N° 560
ISBN 92-842-1199-9